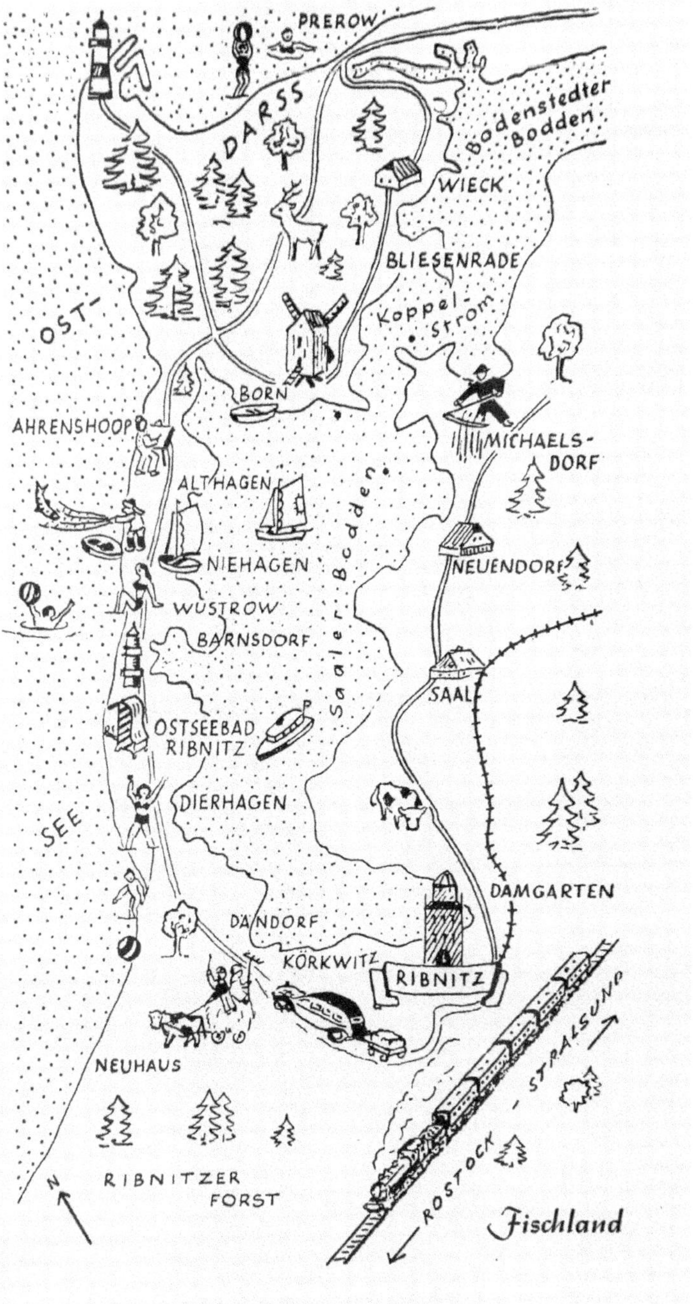
PREROW
DARSS
Bodenstedter Bodden
WIECK
BLIESENRADE
Koppel-Strom
OST-
SEE
BORN
AHRENSHOOP
MICHAELS-DORF
ALTHAGEN
Saaler Bodden
NIEHAGEN
NEUENDORF
WUSTROW
BARNSDORF
SAAL
OSTSEEBAD RIBNITZ
DIERHAGEN
DAMGARTEN
DÄNDORF
KÖRKWITZ
RIBNITZ
ROSTOCK - STRALSUND
NEUHAUS
RIBNITZER FORST
N
Fischland

Für

Max und Carolin

Kristine von Soden

AHRENSHOOP

»Balancieren auf der Meerschaumlinie«

: TRANSIT

Postfach 121111 | 10605 Berlin
www.transit-verlag.de

Der Untertitel ist ein Zitat von
Judith Zander (s. Literaturverzeichnis)

Umschlaggestaltung, unter Verwendung
eines Fotos von Harald Hauswald/OSTKREUZ,
und Layout: Gudrun Fröba
ISBN 978-3-88747-317-4

INHALT

Zum Auftakt
»Ah – wie Ahrenshoop!« 7

Zuerst an den Strand. Immer zuerst an den Strand
»In jeder Wolke eine Flunder« 11

Vom Hohen Ufer auf dem Grenzweg zur Dorfstraße
»Jetzt bin ich Pommern! Jetzt bin ich Mecklenburg!« 17

Zu Wasser und zu Lande in die Künstlerkolonie
»Der erste Malersmann soll eine Frau gewesen sein…« 27

Schmökern im Logbuch des Künstlerhauses Lukas
»Allmonatlich wechselt die Crew« 36

Vom Kurhaus zum Kunstkaten
»Sandhoop kam in Mode!« 45

Am Flutsaum mit honiggelbem Tang und Quallen
»Das Meer ist ja, hols der Deibel, immer schön!« 59

Von Albert Einstein bis zu heimlichen Treffen der »Roten Kapelle«
»Die Friedenstaube zeigt die Windrichtung an« 68

Zum rätselhaften Verschwinden Alfred Partikels im Ahrenshooper Holz
»Und Du, der Du fortgingst…« 82

Kulturbundgäste um Bertolt Brecht & Co.
»Bettwäsche selbst mitbringen« 89

Nach Althagen und zum Althäger Hafen
»Kaum schaukeln die Boote auf dem schlafenden Wasser« 103

Erinnerungen an Fritz Koch-Gotha in der Fulge
»Vom Steinzeitfieber gepackt« 111

Abschied von Gerhard Marcks in Niehagen
»Nur die Seeadlerfeder sagt: ich bin noch da!« 115

Auf dem Bakelberg
»Kirchtürme melden sich in der Ferne« 120

FKK
»Schämen Sie sich nicht…?« 123

Bodden und Bülten
»Wo die Strömung das Rohr durchkämmt…« 128

Anhang 133

ZUM AUFTAKT

»Ah – wie Ahrenshoop!«

An der Kasse im örtlichen Supermarkt, den Einheimische noch immer Kaufhalle nennen, wird seit einer Weile ein schmaler rechteckiger Aufkleber verkauft, der sich mit zwei einsilbigen Worten von einer nicht ganz unbekannten nordfriesischen Insel distanziert. Unüberhörbar mehren sich kritische Geister, die da meinen, Ahrenshoop sei das Kampen der Ostsee. Oder zumindest auf dem Wege dorthin. Nicht wegen Schickimicki, nein! Dass jeder noch freie Bodenquadratmeter renditelüstern beäugt und allzu oft dem Monopolyspiel geopfert wird, stößt auf. Ansonsten hat Ahrenshoop mit jenem Dorf am Roten Kliff, wo sich Gunter Sachs einst mit Champagner übergoss und Fremdgänger in geliehenen Luxusflitzern ewig cool drauf inszenieren, nichts gemein. Sehen und Gesehenwerden gibt es in Ahrenshoop nicht. Noch jedenfalls nicht. Würde aufgesetzt und albern wirken. Gibt auch keine Medienstars und Supermodels, die vor laufenden Kameras ihre dritte oder vierte Hochzeitsparty in den Dünen feiern. Die Geschäfte in der Dorfstraße, kaum ein Dutzend, schließen selbst während der Saison in der Regel schon um 18 Uhr. Und eine der meist gekauften Waren scheint außer köstlichem Kuchen und Körnerbrot von Bäcker Hagedorn das Buch zu sein. Eine feine Auswahl bietet das Lektüresortiment in der legendären *Bunten Stube*. Wer sich für schöne alte Bildbände und Geschichtsbücher über Mecklenburg und Pommern, für Nautisches oder Erstausgaben aus der Feder der Fischlandchronistin Käthe Miethe interessiert, stöbert im Antiquariat des Ahrenshooper Kunsthändlers am Eingang der Dorfstraße. Gern öffnen er und seine Frau, beide aus Sachsen, ihre Glasschränke, um bibliophile Kostbarkeiten zu präsentieren. Bücher sind in Ahrenshoop ein mindestens so wichtiges Gesprächsthema wie das Wetter. Über lesenswerte Entdeckungen redet man wie über Bernsteinfunde am Strand. Lesesüchtige vergessen Zeit und Stunde auf stillen

Bänken an den Boddenwiesen, am Hohen Ufer, bäuchlings im Sand oder auf der Terrasse von *Buhne 12* mit Seefahrerblick über die Ostsee zum Horizont. Und wenn alljährlich am Tag der Deutschen Einheit die Ahrenshooper Literaturtage starten, sind alle Betten ausgebucht.

Lärmendes spielt sich in Ahrenshoop eher selten ab. Seit der Gründung der Künstlerkolonie prägen Strandwanderer, Kulturfreudige, Tagträumer und Individualisten den Ferienalltag. Bis zum Ausbruch des Ersten Weltkrieges rollte die erste Welle von Malern aus den rasant anwachsenden Großstädten an, gefolgt von Dichtern, Kolumnisten, Feuilletonisten, Lebensphilosophen, Bühnendarstellern, Selbstdarstellern, Licht-Luft-Sonne-Enthusiasten und hin und wieder Bohemiens. Auch Malerinnen reisten nach Ahrenshoop, vor allem solche, die es werden wollten – angezogen von der Sommermalschule im 1894 erbauten Atelierhaus *St. Lucas*. Mit seinen zweieinhalb Stockwerken stach es weithin sichtbar aus der Dorfsilhouette hinaus. Inzwischen änderte sich das Antlitz von Ahrenshoop…

Zahlreiche Fremde, alias »Forensen«, gingen hier vor Anker. Auf der Flucht vor den Nazis suchten verfemte Wissenschaftler, Illustratoren, Bildhauer zwischen Meer und Bodden Unterschlupf. Mitglieder der Widerstandsgruppe »Rote Kapelle« hielten zwischen 1938 und 1942 ihre Pfingstreffen in Ahrenshoop ab. Zum »Bad der Kulturschaffenden« avancierte Ahrenshoop im geteilten Deutschland um Johannes R. Becher, Bertolt Brecht und Helene Weigel, Hanns Eisler nebst Gattin Lou, Arnold Zweig, Victor Klemperer, Anna Seghers, Elizabeth Shaw. Später kamen Uwe Johnson, Franz Fühmann, Christa Wolf oder auch Brigitte Reimann hinzu. Ungekrönter König der bunt zusammen gewürfelten Gesellschaft blieb der ehemalige Hinstorff-Verleger Peter E. Erichson, genannt Peter E. – ein Mythos und Mecklenburger Original.

In fünfzehn Streifzügen durch Ahrenshoop werden berühmte Gäste in ihren einstigen Quartieren und Wirkungsstätten »besucht« – veranschaulicht durch literarische Erinnerungen, Reiseskizzen, Tagebücher, Briefe, Gedichte. Dabei kommen keineswegs

nur Stimmen aus der Vergangenheit zu Wort. Ist doch Ahrenshoop längst ein beliebter Treffpunkt für Menschen aus der heutigen schreibenden Zunft. Unter ihnen Judith Schalansky, Ingo Schulze oder Stammgast Peter Wawerzinek, der 1954 in Rostock geboren wurde und in Rerik an der Ostsee aufwuchs. Für den poetischen Wolkengucker gleicht Ahrenshoop einem Boot: auf der einen Seite schäumt das Meer, auf der anderen wellt sich der Bodden, also ein von zwei Seiten umspülter Ort, »von Luv oder Lee, von Wind und Wellen gestört, betört, umtost«. Eine solche Lage salzt die Sinne, bringt phantasievolle Texturen hervor – gekritzelt auf Zettel, in Romane gefasst, ausgeflippt gedichtet: »DON'T CRY FOR ME AHRE / NSHOOP SINCE I KNOW YOU / THERE IS ALL NEW HOPE…« oder auf Notenpapier gebracht: »Ah – wie Ahrenshoop!« Stets frühmorgens vor dem Frühstück an den Strand, schwärmt Judith Zander. Dabei scheint der vielfach ausgezeichneten Autorin schon nach wenigen Tagen unvorstellbar, »hier jemals wieder aufzubrechen«. Denn welch ein Geschenk: Richtung Weststrand durch den Sand zu stapfen oder »auf der Meerschaumlinie zu balancieren«!

Seien Sie eingeladen, sich den Streifzügen anzuschließen – vom Strand über das Hohe Ufer bis zum Schifferberg mit Abstechern ins Ahrenshooper Holz und vom Althäger Hafen über die Fulge bis zum Bakelberg. Vom »Gipfel« dieser höchsten Erhebung auf dem Fischland sieht man beides zugleich, Meer und Bodden, und glaubt, beim Flug der Möwen am Himmel seinen Ohren nicht zu trauen. »Oh, ja doch. Sie rufen hier anders, die Möwen«, weiß Peter Wawerzinek. »Sie rufen irgendwie kindlich naiver und posaunen stolz die Namen der Künstler, die für sie hierzulande tonangebend sind. Man muss nur genau hinhören…«

ZUERST AN DEN STRAND. IMMER ZUERST AN DEN STRAND

»In jeder Wolke eine Flunder«

Ob im Frühling, wenn das Meer smaragdgrün irisiert... Oder im Sommer, wenn der Sanddorn in den Dünen glüht, ein Hoch das nächste ablöst und in der Windstille Saharahitze aufkommen lässt... Ob im Herbst bei stürmischen Böen, wenn die Seeschwalben im Gegenwind rückwärts fliegen... Oder im Winter, wenn die baltische Schneekönigin ihre Gestade mit Eiskristallen übersprüht: Zuerst an den Strand. Immer zuerst an den Strand. Die Ostsee begrüßen. Guten Morgen, Du Schöne!

Am Strandübergang hinter dem *Haus Nordlicht* schräg gegenüber vom Paetowweg, der zum Schifferberg und Saaler Bodden führt, eröffnet sich auf der Anhöhe der Düne ein prächtiges Postkartenpanorama: Linkerhand in naher Ferne das schroffe Steilufer Richtung Wustrow, rechts die Umrisse vom Darßer Wald Richtung Weststrand, dazwischen Buhnen in exaktem Abstand wie »gestrandete U-Boote«, so der Essayist und Dramaturg Karl-Heinz Ott, der auf einer Reise nach Ahrenshoop im wiedervereinten Deutschland zum ersten Mal das Baltische Meer gesehen hat. Für den Oberschwaben mit Wohnsitz im Dreiländereck Freiburg, Basel, Elsaß lag Italien schon immer näher, gab es nichts Attraktiveres als das mediterrane Arkadien, erschien die pommersche Riviera unendlich weit weg. »Die Ostsee, das war Grenzgebiet, Fluchtgebiet, Kriegsgebiet, auf dessen Grund Dutzende von Schiffen lagen. Und wenn ich den Namen Pommern hörte, dachte ich an dicke Bäuerinnen in ärmlichen Strickjacken, wie man ihnen in Grass-Romanen begegnet, und an endlose Kartoffelfelder unter bleiernen Himmeln.«

Möwen halten auf den Buhnen in strandräuberischer Manier Ausschau, setzen mit ihren weiß gefiederten Köpfen auf den braunschwarzen Pflöcken einen Kontrapunkt. Die stolzen Silbermöwen unter ihnen haben den Zerfall der DDR mitunter noch miterlebt, denn ihre Art, Larus argentatus, wird bis zu dreißig Jahren alt – »kiu, ka«! Schon nach der ersten Bekanntschaft mit dem Ahrenshooper Strand fällt dem Gast aus dem Süden auf, dass fast jeder, dem man am Flutsaum begegnet, seinem eigenen inneren Takt folgt, dem rhythmischen Rauschen der Wellenkämme lauscht, gebannt staunt, wie sie ihre üppigen Schaumschleppen ausbreiten, deren wie Pailletten glitzernde Bläschen sich im Nu verflüchtigen, in Nichts auflösen. Bei stärkerem Seegang vermitteln jene »U-Boote« rasch, dass sie dem Schutz der Küste dienen, die Kraft des Meeres bändigen.

Der Ahrenshooper Strand ist schmal. Das verleiht ihm etwas Privates. Und da es hier wie überall an der Ostsee keine Gezeiten gibt, zieht sich das Wasser auch nie zurück. Überzeugte Ostseeanhänger meiden darum auch die Nordsee. Umgekehrt stören sich echte Nordseefreaks an der unentwegten Meerespräsenz. Verrät diese doch, dass das Wasser in diesem vergleichsweise flachen Meer, einem Binnenmeer, steht und nur selten aufgefrischt wird. Schuld daran ist das Kattegat, durch das keine Flutwelle passt. Im Gegenzug läuft auch kein Wasser ab, weshalb an der Ostseeküste keine Ebbe entstehen kann. Alles das heißt nun aber nicht, dass die Ostsee stets brav und zahm daliegt. Stürme aus dem Atlantik schieben ihr Wasser wie grollende Bären gen Osten, lösen immer wieder dramatische Überflutungen aus. Und auf dem Fischland und Darß rauben aufgepeitschte Wellen gefährlich große Sandbrocken aus der Steilküste. Besonders deutlich erlebt man die Launen der Ostsee aus der Vogelschau oder als Segler, schreibt der preisgekrönte Schweizer Autor Christoph Neidhardt, der die Ostsee aus beiden Perspektiven von der Lübecker Bucht bis nach Tallinn, Helsinki und St. Petersburg kennt, in seinem Buch *Das Meer in unserer Mitte* (2003). »Nur bleiben die Segler zu Hause, wenn die Jungfer ihre Launen hat. Oder fröstelt. Dann wagen sich nur die Eissegler auf ihre kalte, oft brüchige Haut.«

Der Weimarer Journalist und Herausgeber der *Weltbühne*, Siegfried Jacobsohn, liebte die Nordsee. Sein junger Freund und Mitarbeiter, Kurt Tucholsky, liebte die Ostsee. Nie gelang es Jacobsohn, »Tucho« abzuwerben. Der Mann mit den »5 PS«

Strandhafer

(Tucholskys Artikel waren so stark gefragt, dass er unter fünf Pseudonymen, PS, publiziert hat) blieb der Ostsee treu, bereiste ihre Bäder von Graal und Müritz (damals noch zwei getrennte Orte) bis nach Usedom. »Soll er«, meinte der väterliche Mentor leicht eingeschnappt, wenn ihm »dicke Milch lieber« ist. Jacobsohns bessere Hälfte Edith mochte die Nordsee auch nicht, »heulte egalweg«. Gut möglich, dass Tucholsky in Ahrenshoop gewesen ist.

Viele Gäste erkundeten von Graal und Müritz aus das Fischland und den Darß. So hatte sich auch Lyonel Feininger 1921 von dort über Ribnitz nach Ahrenshoop aufgemacht. Wahrscheinlich mit seinem Fahrrad. 1908 gehörte der deutsch-amerikanische Maler und spätere Bauhaus-Lehrer zu den ersten, die mit dem noch neuen sensationellen Vehikel die Ostseeküste erkundeten, mehrere tausend Kilometer legte er jährlich zurück, davon einen nicht unbeträchtlichen Teil auf dem heutigen Ostseeküstenradweg.

Sanfte Strandwellen spülen den feinen weißen Quarzsand an, der sich auf der badenassen Haut wie ein Peeling anfühlt und beim Barfußlaufen in milder Brise alle Lasten aus dem Kopf wirft. Bernstein suchen? Nicht im Frühling. Nicht im Sommer. Obwohl man gelegentlich Glück haben kann. Normalerweise aber findet man die goldenen Harztränen aus Landsaurierzeiten nur im Herbst und Winter nach starkem Nordost, wenn das »Bernsteinkraut« aus den Tiefen des Meeres aufgewühlt und mit abflauendem Wind, dem »Bernsteinwind«, an Land gespült wird. Reich an Bernstein ist es dann am Darßer Weststrand und Darßer Ort. Aber auch der Ahrenshooper Strand wartet mit Schmuckstücken bis hin zu kleinsten Splittern aus dem Goldrausch, versteckt in Tangbüscheln, auf. Es war einmal ein Urwald mit Dattelpalmen, Magnolien, Zimtbäumen, Kiefern, Lorbeeren, bewohnt von Zuckmücken, Moosskorpionen, Taumelkäfern, Gottesanbeterinnen, der Baltische Bernsteinwald…

Wellenfurchen durchziehen wie Schriftlinien den Sand. Das Meer spült verblichene, nasse Hieroglyphen an. Und am Himmel ballen sich Wogenwolken. Oder Flundern – jedenfalls in der fabelhaften Welt einer Hallenser Lyrikerin und Hörspielautorin,

Rippelmarken

die am Ahrenshooper Strand mit Fischern ins Gespräch kam. Besser gesagt, in einen knappen Dialog:

Na, ordentlich was gefangen?
Das ist verschieden.
Und werden Sie die verkaufen?
Das ist verschieden.
Wo fangen Sie die?
Das ist verschieden.
Kann man davon leben?
Das ist verschieden.
Kann man da mal mitfahren?
Nee.

Am folgenden Tag ergab sich über ein paar Ecken eine Begegnung mit redseligeren Vertretern des vom Aussterben bedrohten Küstenberufes. Simone Trieder und ihre Freunde, selbst wohl auch ein wenig behutsamer und herantastend an Begriffe wie Stellnetz und Fanggeschirr, durften nun mit ins Boot, die Fischer mit Fragen löchern, sie in ihrem orangefarbenen Ölzeug und ihre Fische im Netz fotografieren. »Die Eindrücke ließen uns nicht mehr los, bis wir in jeder Wolke eine Flunder sahen.«

Geduld, Geduld lehrt das Meer.

VOM HOHEN UFER AUF DEM GRENZWEG ZUR DORFSTRASSE

»Jetzt bin ich Pommern! Jetzt bin ich Mecklenburg!«

Die wohl meist erzählte Geschichte über die Ahrenshooper Künstlerkolonie fängt so oder so ähnlich an: Es war im Sommer 1889, als der aus Oldenburg im Großherzogtum Oldenburg stammende Landschaftsmaler Paul Müller-Kaempff und der Berliner Tiermaler Oskar Frenzel von Wustrow auf dem Hohen Ufer eine Wanderung zum Darß unternahmen. Die beiden Männer, achtundzwanzig und fünfunddreißig Jahre alt, ließen sich von der Weite der Ostsee betören, von den milden Lüften, vom nordischen Licht. Nach rund dreieinhalb Kilometern Wegstrecke – bis heute eine der beliebtesten Touren zu Fuß oder mit dem Fahrrad auf dem Fischland und Darß – hielten die Freunde hinter der letzten Anhöhe überrascht an, denn vor ihnen lag ein bescheidenes, kleines Dorf, von dessen Existenz sie bis dahin weder gehört noch gelesen hatten: Ahrenshoop. Vermutlich standen Müller-Kaempff und Frenzel nahe jener Stelle, wo heute eine Webcam das Strandquartier *Grimmelei* unter den drei hohen Pappeln mit Blick auf das Meer rund um die Uhr fotografisch einfängt. Das Motiv oberhalb vom Ahrenshooper Strand am Grenzweg 11 ziert Buchumschläge, Ansichtskarten, Tourismusbroschüren. 1889, ein Jahr nach der Thronbesteigung Wilhelm II. zum letzten Deutschen Kaiser, war Ahrenshoop ein noch weithin unbekanntes Nest, während der Bäderbetrieb an vielen anderen Orten der Ostsee, zum Beispiel in Binz auf Rügen, in Heringsdorf auf Usedom oder in Misdroy auf der Insel Wollin, längst auf Hochtouren lief. Im stolzen Schifferdorf Wustrow, wo die Kapitäne einst Schiffseigner und Reeder waren und eine Flotte aus zweihundertvierzig Schiffen mit Fischländer Seeleuten von Riga über London, Amsterdam, Bordeaux und Lissabon bis nach Rio de Janeiro auf den Weltmeeren segelte, sogar um Kap Hoorn, belächelte man Ahrenshoop als »Powerdörp«, hatte es doch kaum anderes zu bieten als Sand, Sand, Sand. Genau das

Die Grimmelei

faszinierte unsere naturhungrigen Maler, die gleich am nächsten Tag wiederkamen, ausgerüstet mit Zeichenblock und Stiften, Pinsel, Farbe und Staffelei. »Kein Mensch war zu sehen, die altersgrauen Rohrdächer, die grauen Weiden und grauen Dünen gaben dem ganzen Bilde einen Zug tiefsten Ernstes und vollkommener Unberührtheit. So sah Ahrenshoop damals aus«, erinnert sich Paul Müller-Kaempff, der Grau im Unterschied zum verbreiteten »Ateliertonׅ« Braun sehr mochte und mit grauem Grafit viele Zeichnungen anfertigte, 1926 in den *Mecklenburgischen Monatsheften:*

Nirgends ein öder Nützlichkeitsbau mit Pappdach, nichts, was den Gesamteindruck störte, die Dorfstraße sehr breit und sandig – man sagte: den Ahrenshooper erkennt man an seinem Gange –, kein Drahtzaun, keine Reklametafel. Hinter dem Dorfe auf dem Schifferberge blickte der Kirchhof mit weißen und schwarzen Holzgittern und Kreuzen herüber, überwuchert von goldgelb blühendem Habichtskraute. Stieg man weiter hinauf auf die sogenannte Schwedenschanze, so sah man in die Einsamkeit hinaus. Nirgends ein Haus: Dünen, Wald und See, in der Ferne die dunkle Linie des Darß. Die Dünen gekrönt von uralten Weißdornbäumen, Stechpalmen und wilden Rosen. Das war ein Studienplatz, wie ich ihn immer gewünscht hatte!

Bevor sich Paul Müller-Kaempff 1892 in Ahrenshoop ein eigenes Haus baute, war er mehrfach zu Gast in der *Pension Charlottenhof,* Grenzweg 3. Ein gutes halbes Jahrhundert später übernachtete hier der Romanist Victor Klemperer, Vetter des Dirigenten und Komponisten Otto Klemperer. Zusammen mit seiner Frau Eva hatte Victor Klemperer die antijüdischen Pogrome in Nazi-Deutschland überlebt, nachdem man ihn 1938 aus seinem Lehramt an der Technischen Hochschule Dresden suspendierte und in ein Dresdner Judenhaus einwies. »Die Pension Charlottenhof besteht aus zwei ziemlich blaugestrichenen Kastenbauten – Blau ist hier eine Lieblingsfarbe – das vordere mit großer Eßveranda«, heißt es in Klemperers posthum erschienenen Tagebuchaufzeichnungen, deren Originale in der Sächsischen Landesbibliothek Dresden archiviert werden. Seit 2012 ist der *Charlottenhof* möwenweiß, ein exklusives Hotel garni, die Veranda lädt zur kulinarischen Einkehr einschließlich Kaffee und Kuchen ein. Und wenn die Sonne scheint, was sie im Ahrenshooper Sommer gern reichlich tut, oft sogar noch bis weit in den Oktober hinein, sitzt man auf der Charlottenhof-Terrasse unter weißen Sonnenschirmen.

Der Grenzweg misst weniger als einen halben Kilometer, seine Historie hingegen ist lang, beginnend mit der ersten urkundlichen Erwähnung von Ahrenshoop 1233. Der Name leitet sich aus einem gekrümmten Landhaken nördlich des Fischlandes mit der Bezeichnung »Arneshop« ab, was Hofstelle eines Arne oder Arens bedeutet haben soll. Um 1390 ordnete Herzog Bogislaw VI. von Pommern-Wolgast den Bau einer Burg mit Burggraben an. Zudem ließ er das Seegatt zwischen Ostsee und Saaler Bodden, das oft stark versandet war, zum Darßer Kanal ausschaufeln und schiffbar machen. Der Wegname Am Strom parallel zum Grenzweg verweist auf jene Zeit, in der Ahrenshoop außerdem auch einen Hafen erhielt. Doch von wegen Ahoi! Ahrenshoop als pommerscher See- und Handelsplatz forderte den Zorn der Hansestädte heraus. Auf ihren Koggen trieben sie lukrativen Fernhandel mit Holz, Korn und Fisch, die Preise wurden abgestimmt und festgesetzt. Klipphäfen wie der Ahrenshooper, die an den regulären Umschlagplätzen vorbei Produkte aus dem Umland gut und günstig direkt an Käufer lieferten, waren den Hansemächtigen ein Dorn im Auge. Und so schickten sie einen bewaffneten Tausendmanntrupp über die Rostocker Heide, um die Konkurrenz vor ihren Toren auszuschalten. 1395 lag kein Stein mehr auf dem anderen, sank Ahrenshoop in Vergessenheit, unterm Flugsand die Trümmer.

Als sich die schwedischen Landvermesser 1696 daran machten, Vorpommern in die Schwedische Matrikelkarte aufzunehmen, zählte Ahrenshoop lediglich zwei Höfe – zu belanglos, um sie als äußersten nordwestlichen Posten von Schweden-Vorpommern zu dokumentieren, womit wir beim Thema Grenze zwischen Mecklenburg und Pommern angelangt wären und damit zugleich zwischen Fischland und Darß. Letzterer wurde 1815

Die Steilküste

preußisch, also auch Ahrenshoop. Das älteste literarische Zeugnis aus jener Epoche verdanken wir August von Wehrs. Als Offizier in schwedischen Diensten kam der Sohn eines Geheimen Legationsrates aus Mecklenburg-Strelitz mit zweiundzwanzig Jahren 1810 nach Stralsund und anschließend während der Napoleonischen Kontinentalsperre zur Küstenbewachung auf den Darß, nach Ahrenshoop. Auf der höchsten Stelle des Schifferberges zeigte sich der junge Mann ähnlich beeindruckt wie nach ihm Paul Müller-Kaempff:

Das tobende baltische Meer dehnt sich vor den Blicken in unabsehbarer Weite: nur bei recht hellem Wetter schwimmen in grauer Ferne, gleich Nebelwolken, die dänischen, etwa 8 Meilen entfernten Inseln Falster und Moen am Horizont. Während meines langen Aufenthaltes zu Arendshop, im Jahre 1811, hatte ich hier manchen schönen Genuß, der sich tief in meine Seele prägte. Selten glich das Meer einem krystallenen Spiegel, kaum stellenweise von kleinen sich kräuselnden Wellen durchfurcht. (...) Doch die erhabene Scene zu schildern, wenn sich Abends die Sonne in den beruhigten Ocean taucht, und beim Sinken Himmel und Meer in Flammen zu setzen schien, dazu sind alle unsere Sprachen zu arm; man muss sie selbst gesehen und empfunden haben.

August von Wehrs veröffentlichte seine Erlebnisse in dem noch heute aufschlussreich zu lesenden und als Nachdruck erhältlichen Buch *Der Darß und der Zingst, ein Beitrag zur Kenntniß von Neuvorpommern* (1819). Im Darßer Boddendorf Born verliebte er sich in die Tochter des Oberförsters, Marie Niemann. 1818 heiratete er sie und bekam mit ihr sechs Kinder. Stoff für einen noch ungeschriebenen Roman.

Ja, ja, der Grenzweg regt zum Blättern in der Historie an. Sie füllt dicke Folianten in Fraktur. Ein Kapitel trägt die Überschrift »Vittebrook« und handelt davon, dass sich um den heutigen Grenzweg herum einst eine Ansiedlung zum Bergen und Verarbeiten von Heringen befand, begrenzt vom »Vittezaun«. Und auch davon berichtet August von Wehrs: »Im Frühling, wenn der Heringsfang sehr ergiebig ist, kommen viele sächsische Kärner nach Arendshop, welche Bücklinge abholen, und dadurch ziemlich viel Geld ins Land bringen.« Die Herings-Räucherhäuser waren, wenn man vom Darß aus nach Vittebrook oder auch »Fittenbrock« kam, nicht sogleich zu erkennen, lagen sie doch versteckt hinter Dünen, dic in ihren Ausmaßen gewaltig erschienen wie in einer »Wüste Arabiens«.

Wer eine Seefahrt nicht scheute, besuchte von Vittebrook aus Kopenhagen. »Es pflegen nämlich Segelböte mit frischen Heringen dahin abzugehen, die, wenn sie bei günstigem Winde des Abends die Küste verlassen, schon am anderen Morgen gegen 10 Uhr bei dieser Hauptstadt ankommen.« Der Flurname Vittenbrook leitet sich ähnlich wie Vitte und Vit auf Hiddensee und Rügen vermutlich aus dem schwedischen »vittja« ab, was Handels- und Anlandeplatz bedeutet. Manche Forscher schließen aber auch nicht aus, dass Vittenbrook auf den heiligen Vit oder Veit zurückgeht, dessen Geschichte wiederum zum Wendengott Swantewitt nach Wustrow führt. Auf dem Grenzweg schweifen die Gedanken…

1868 trat Mecklenburg dem Deutschen Zollverein bei, der unter der Führung von Preußen 1834 gegründet worden war. Damit verlor die Zollgrenze zwischen Pommern und Mecklenburg ihre Gültigkeit, öffneten sich die Schranken. Wer von Ahrenshoop nach Althagen oder umgekehrt spazierte, musste für mitgeführte Waren ab sofort keinen Zoll mehr zahlen. Ein Glück, die Maler hätten sich herzlich bedankt!

Alle seeseitigen Häuser auf dem Grenzweg, darunter die stattliche Nummer 8, erbaut 1895 von Friedrich Grebe, dem ältesten Maler in der Künstlerkolonie, gehörten zum pommerschen Darß, alle landseitigen Häuser wie die Fachwerkvilla in der Nummer 14, gebaut 1907 von Grebes Malerfreund Karl Bartoschek, zu Althagen und damit zum Fischland, zu Mecklenburg. Grebe kam aus Berlin, genoss als »Norwegen-Maler« hohes Ansehen, zeigte Werke auf Kunstausstellungen in Dresden, Düsseldorf, Hamburg, München, Prag und Wien und natürlich in Berlin auf der alljährlichen Großen Kunstausstellung, genannt »die Große«. Grebes prominentester Kunde war Kaiser Wilhelm II., der versessene Nordlandreisende erwarb bei ihm das Gemälde *Im Sognefjord* (1886). Als Edvard Munch die Berliner Bühne betrat, wandte sich Friedrich Grebe stillen Fischlandmotiven zu wie zum Beispiel weidenden Schafen am Bodden, bis 1916 lebte er im Grenzweg in Ahrenshoop. Gelegentlich nahm der kleine, feine alte Herr – so sah man ihn im Dorf – an Musikabenden teil, die Karl Bartoschek in seinem Haus veranstaltete. Der gebürtige Wiener fühlte sich als ausgebildeter Sänger über viele Jahre stärker der Musik als der Malerei verbunden, hatte 1905 in Berlin den »Schubertbund« ins Leben gerufen. Am Grenzweg begann Bartoschek wieder zu malen, pflegte er mit kunstsinnigen und literarisch ambitionierten Freunden geselliges Zusammensein.

Auf halber Strecke des Grenzwegs vom Hohen Ufer zur Dorfstraße wird auf einer Tafel erklärt, dass mannshohe Eichenholzpfähle früher die Grenze zwischen Pommern und Mecklenburg markierten. In den nachgebildeten Pfahl neben der Tafel sind am oberen Ende die Abkürzungen PG für die Pommerngrenze auf der einen Seite und MG für die Mecklenburggrenze auf der anderen hinein geschnitzt.

1950 wurden die Fischländer Dörfer Althagen und Niehagen zu Ahrenshoop eingemeindet. Bis dahin machten sich Kinder einen Spaß daraus, auf dem Grenzweg zwischen Mecklenburg und Pommern hin und her zu springen. Oder auf einem Drehkreuz im Grenzzaun zu singen: »Jetzt bin ich Pommern! Jetzt bin ich Mecklenburg!« – nachzulesen in Uwe Johnsons *Jahrestagen* (1970/1983), worin seine Hauptfigur Gesine Cresspahl und ihre Cousine Alexandra Paepcke das fröhliche Spiel spielen. Schade, dass nach dem großen Aufräumen im Zuge des Zusammenbruchs der DDR Althagen und Niehagen ihre Eigenständigkeit nicht zurück gewannen. Aber so ist das eben mit der Politik, wie schon der Bansiner Fischersohn Hans Werner Richter in seinem Klassiker *Deutschland deine Pommern* (1970) schrieb, als sich im Osten das neue Deutschland etablierte: »Aus dem Rest der Provinz Pommern wurde laut Dekret ein Teil des Regierungsbezirks Mecklenburg, genauer gesagt: ›Ostmecklenburg‹.«

Die restlichen Vorpommern wachten eines Morgens als Mecklenburger auf, was den echten Mecklenburgern wenig behagte.

Doch weder die einen noch die anderen wurden vorher nach ihrer Meinung gefragt. »Du Richard, häst du hürt, jetzt sind wi Mecklenburger«, stellt sich Richter ein Bettgeflüster damals in pommerschen Federn vor. »Dat doch woll nich, Anna.« – »Doch, doch, sei segg'n et jo im Radio.« – »Dat givt et nich, Anna. Worüm denn Mecklenburger? Worüm nich glick Berliner?«

Seit einer Weile ist der Grenzweg verkehrsgerecht gepflastert, wodurch der ehemalige Sand auf Nimmerwiedersehen verschwand. Geblieben sind die Fragen nach der pommerschen und mecklenburgischen Wesensart. Sind die Leute hier wirklich so stur? Und schwerfällig? Und fällen Urteile wie mit einem Beil? Muss ein Nebenbuhler laut Richter noch immer mit einer ordentlichen Tracht Prügel rechnen, statt dass man ihn über den Haufen schießt? Früher sprach kein Mensch von Sex, man hatte »sine Amuren«. Und gerne lästerten Pommern über die Mecklenburger »Spökenkieker« wie diese über die pommerschen Hinterwäldler. Kurt Tucholsky vergnügte sich am Klang des Platts, das an der Küste »zart und grob, humorvoll und herzlich, klar und nüchtern und vor allem, wenn man will, herrlich besoffen« sein kann. Den Alteingesessenen ist egal, was andere über sie denken, gelassen schweigen sie, reden ohnehin nur, wenn es zwingend notwendig erscheint, bleiben sich auf beiden Seiten des Grenzwegs wortkarg treu.

ZU WASSER UND ZU LANDE IN DIE KÜNSTLERKOLONIE

»Der erste Malersmann soll eine Malerin gewesen sein!«

Willkommen sollet Ihr uns sein;
Eine neue Zeit bricht jetzt herein.
Die schlechten Zeiten sind verflossen,
Wustrow ist dem Verkehr erschlossen.
Wir hoffen, dass die nächsten Zeiten
Auch dieses in die Wege leiten,
Daß die Chaussee vollendet wird
Und bis zur Landesgrenze führt.

War das ein Fest, als ein Schild über der mit Girlanden geschmückten Ehrenpforte die Gäste mit diesem Reim begrüßte! Die Feuerwehrkapelle spielte auf, Fahnen hüpften wie bunte Tupfer in der Menschenmenge, ganz Wustrow hatte sich für den großen Tag, den 9. Oktober 1929, herausgeputzt. Alle Fischländer Vereine waren gekommen, Schulklassen, Schaulustige, Kinder streuten Blumen. Applaus und Hurra für die Reiter des Tonnenbundes an der Spitze des Festzuges, gefolgt von einer dröhnenden Kraftwagenkolonne! Das Band der Ehrenpforte »durchschnitt« ein Bus der Reichspost, den beiderseits sechs Mädchen in Sonntagskleidern und Spangenschuhen flankierten. Bereits kurz nach 1900 hatten die Debatten um Kosten, Kompetenzen, Kies ja oder nein als Fahrbahnbelag für eine Verkehrsverbindung von Ribnitz zum Fischland begonnen. Nun war die Fischlandchaussee nach harter Arbeit fertig, wurde das vierzehneinhalb Kilometer lange Betonwerk, zu dem man sich schließlich durchgerungen hatte, eingeweiht. Bis dahin rumpelten Pferdefuhrwerke über holprige Wege und Wiesen, auch wenn manch ein Streckenabschnitt schon befestigt und damit auch bei Regen, Schnee und Eisglätte passierbar war. »Dass die Chaussee vollendet wird und bis zur Landesgrenze führt« – dieser Wunsch wurde aber vorerst nicht erfüllt. Angesichts der Weltwirtschaftskrise fehlte in jenen Zeiten, die weitaus weniger lustig waren als im umjubelten

Reim, das nötige Geld. 1930 ging der Bau der Fischlandchaussee immerhin bis zur Gabelung mit der Bezeichnung Weg zum Kiel (aus dem niederdeutschen »Keil«) in Niehagen weiter. Althagen und Ahrenshoop blieben aber nach wie vor vom Verkehr abgehängt, reagierten verstimmt. In der Hoffnung auf Unterstützung aus Berlin, richteten beide Gemeinden 1934 eine gemeinsame Petition an die Reichskanzlei. Das Ersuchen wurde abgelehnt.

Unterdessen schaukelten all die Jahre Dampfer von Ribnitz über den Bodden, legten im Wustrower und Althäger Hafen an. Neben »Europäern« immer auch Malerinnen und Maler an Bord mit dem Reiseziel Ahrenshoop. Die erste Generation unter ihnen hatte mit Tempo, Tempo nichts am Hut, genoss vielmehr, dass am Ende der mecklenburgischen Welt von den Segnungen der Zivilisation nur wenig zu spüren war. Vom Althäger Hafen lief man zu Fuß ins Künstlerdorf, das Gepäck auf einer Schiebkarre.

Die Gründung der Ahrenshooper Künstlerkolonie wird üblicherweise auf die Zeit um 1892 datiert, als sich Paul Müller-Kaempff in Ahrenshoop niederließ, woraufhin andere seinem Beispiel folgten. Der erste Maler war Müller-Kaempff in Ahrenshoop allerdings nicht. »Die Fama spricht davon, dass dieser erste Malersmann eine Malerin gewesen sein soll«, verkündete Edmund Edel im *Berliner Tageblatt* unter der Überschrift *Ahrenshoop, das Malernest. Ein Ostseeidyll* (1907), und hielt dies für sehr wahrscheinlich, da doch die Frauen in ihrem Emanzipationsbestreben keine Sphäre ausließen. Also warum nicht auch »in die Wildnis einer pommerschen Wüste« vordringen? Der jüdische Arztsohn Edel, 1863 im pommerschen Stolp geboren, war im Berlin der aufstrebenden Moderne eine der umtriebigsten Figuren: als Karikaturist und Plakatzeichner, als Übersetzer und Romanschreiber und nicht zuletzt als Satiriker mit dem Signet EE. Im *Café des Westens*, dem späteren *Kranzler-Eck*, traf Edmund Edel mit dem Kunsthändler Paul Cassirer, den Ullstein-Brüdern, mit George Grosz, Else Lasker-Schüler und Alfred Kerr zusammen. Asta Nielsen, die sich auf Hiddensee »unter einem unfaßbar hohen und blauen Himmel, in Licht und Farben getaucht«, ihr originelles *Karusel* bauen ließ, wo sie Ringelnatz mit Ehefrau

»Muschelkalk« empfing, engagierte Edmund Edel als Drehbuchautor und Regisseur für einen seiner zahlreichen Filme. Der vielseitig Talentierte, zu dessen Repertoire schließlich auch die Malerei zählte, gehörte zu den ersten Gästen in Ahrenshoop. Meist wohnte er in der *Pension Lobe*, wo auch Albert Einstein, von dem wir auf einem anderen Streifzug noch viel hören werden, mal gesichtet wurde. In alten Ortsplänen findet sich die Pension nicht, weshalb die Adresse leider nicht zuzuordnen ist. Doch zurück zur Fama. Des Rätsels Lösung lautet: Anna Gerresheim! Sie war vor Paul Müller-Kaempff in Ahrenshoop, machte auf dem Fischland schon 1881 Malferien!

Auffallend hübsch soll sie gewesen sein, diese wohl erste Ahrenshooper Malerin, mit »ihren braunen Augen, ihrem dunklen Teint und dem vollen Haar«, so die Kunsthistorikerin Ruth Negendanck, die das Leben der Anna Gerresheim anhand von Familienkorrespondenzen in ihrer Monographie *Anna Gerresheim. Ihr Weg nach Ahrenshoop* (2001) dargestellt hat. 1852 in Ribnitz geboren, wuchs Anna Louise Adolphine Eduardine Gerresheim in Güstrow auf, wo ihr Vater, der Theologe und Jurist Eduard Adolph Gerresheim, als Oberamtmann tätig war. Annas Mutter Dorothea Henriette Gerresheim, geborene Böhmer, kümmerte sich um den Haushalt und die acht Kinder, von denen eines, Wilhelm Gustav Ernst, mit einem Jahr starb. Die Mecklenburger Familie hatte ein solides Auskommen, lebte aber bescheiden, denn für jedes Kind – drei Jungen und vier Mädchen – war eine gute Ausbildung vorgesehen. Mit achtzehn Jahren starb Eduard Wilhelm Ernst Adolph, mit achtundzwanzig Theodor Carl Adolph. Auguste, Anna, Bertha, Clara und Hugo, der Zweitjüngste in der Kinderschar, überlebten die Eltern. Hugo Theodor Ludwig hatte Chemie studiert, Anna wählte die Kunst, beide Studien verschlangen große Summen, was »nur durch Kapitalaufnahme« zu decken war, wie Dorothea Gerresheim bekannte.

Früh erhielt Anna privaten Italienischunterricht und beim landesweit hoch geachteten Chordirigenten, Kapellmeister und Komponisten Johannes Schondorf dreimal wöchentlich Klavierunterricht. Aus eigenen Stücken heraus malte Anna Gemälde nach Fotografien in Öl, woraus schon bald ihr Wunsch entstand, in einer der damaligen Kunsthochburgen zu studieren. »Wenn dies nicht alles zu theuer wäre! Man weiß nicht, wo das Geld herkommen soll«, teilte der Vater seinem Bruder in Hamburg besorgt mit. Die staatlichen Kunstakademien waren Frauen verschlossen. Private Ausbildungsstätten verlangten hohe Gebühren. Annas Eltern willigten dennoch ein, ermöglichten ihrer Tochter 1874 einen ersten Studienaufenthalt in Dresden. 1876 wechselte sie nach Berlin, nachdem der Vater überraschend gestorben war, was die Mutter in finanzielle Nöte gestürzt hat. Noch strammeres Sparen war nun angesagt. Dorothea Gerresheim löste ihren Güstrower Hausstand auf und mietete sich in Annas mehrfach wechselnde Berliner Wohnungen mit ein, beispielsweise am Schiffbauerdamm. Gern kamen Annas zweitälteste Schwester Bertha Louise Friederike und Nesthäkchen Clara Augustine Eduardine zu Besuch, um Berliner Luft zu schnuppern. Währenddessen reiste Anna zu Malstudien an die Ostsee nach Mecklenburg und 1880 von Sommer bis Herbst ins dänische Fischerdorf Hornbæk in der Nähe des Öresunds. Mit Hilfe ihres Hamburger Onkels verbrachte sie außerdem einige Monate in Paris – dem Mekka der europäischen Kunstwelt. Wie später ihre erheblich jüngere Malkollegin Paula Becker, die an der renommierten Académie Colarossi studierte und 1901 Otto Modersohn, den Mitbegründer der Worpsweder Künstlerkolonie, ehelichte, durchstreifte Anna Gerresheim die Pariser Galerien, angesteckt von den französischen Impressionisten um Claude Monet. Beflügelt von deren neuer Malweise entwickelte sie ihren eigenen Stil, deutlich sichtbar etwa auf ihren Nachtgemälden wie dem eines traulich wunderlichen Katens in Ahrenshoop unter blass blauem Sternenschleier – als stiegen im Schlaf Bilder aus dem Unbewussten empor.

1884 schloss Anna Gerresheim ihre Kunststudien ab, wurde sie Mitglied im »Berliner Verein für Künstlerinnen und Kunstfreundinnen«. Im darauf folgenden Sommer übernachtete sie erstmals in Ahrenshoop, »1 ½ Stunde von Wustrow entfernt, aber schon im Preußenlande«, wie die Mutter Tochter Bertha wissen ließ. Vier Wochen hielt sich Anna in Ahrenshoop auf, beseelt von der Idee, sich ein Haus zu bauen. Da sie sich ein derartiges Objekt aber nicht leisten konnte, versuchte sie, ihre Mutter dafür zu erwärmen. Dorothea Gerresheim winkte forsch ab, wollte »an dem Ort nicht todt, viel weniger lebendig sein« und erklärte Sohn Hugo postwendend, dass sie keine zehn Pferde »in die so primitive Sandwüste« bringen würden, zumal sich »im Holze« womöglich »Strolche« versteckten, die sie »raubmördern« könnten. »Nein, ich danke für solche Aussichten!«

In Berthas Phantasie hingegen nahm Annas Idee rasch greifbare Gestalt an, wunderbar konnte sie sich Ahrenshoop als Sitz für ihr »Altentheil« vorstellen. Als die Mutter 1890 starb, hatte Bertha den Grundstückserwerb bereits unter Dach und Fach. Das Gelände reichte von der Dorfstraße bis zum Dünenkamm. Zwei Jahre später zog sie mit Anna in das zweistöckige Fachwerkhaus mit Seezimmer, Atelier und Salon ein. Bald gesellte sich auch Auguste Marie Sophie hinzu, sie war die Älteste von allen Geschwistern, steuerte auf die Sechzig zu.

Alle drei Gerresheimerinnen malten, doch reichten Bertha und Auguste an Annas Können nicht heran. In der Enzyklopädie *Die bildenden Künstlerinnen der Neuzeit* (1905) – deutschlandweit damals die erste Publikation, die sich dem weiblichen malerischen Schaffen widmete – erntete Anna Gerresheim herausragendes Lob, vor allem als »poetische Waldmalerin, deren Gemälde echten, wahren Waldesodem atmen. Man weiß nicht, was man mehr bewundern soll, die Feinheit der Stimmung oder die technische Vollendung der Darstellung.«

In der Ahrenshooper Künstlerkolonie wurde Anna Gerresheim von Anfang an sehr geschätzt, gerade auch von ihrem Zaunnachbarn Paul Müller-Kaempff in der Dorfstraße 18. Für sie selbst war Ahrenshoop »so recht ein Plätzchen, um sich auf sich selbst zu besinnen«. Leider sind alle Spuren des Gerresheimer Anwesens, das vor einer Weile bereits der Abrissbirne zum Opfer fiel, in der Dorfstraße 20 getilgt. Im Frühjahr 2015 eröffnete auf dem Areal um Müller-Kaempffs denkmalgeschützte Adresse ein *Dünenpark* aus Ferienhäusern mit integrierter Tiefgarage. Da lässt dann in der Tat eine nicht ganz unbekannte nordfriesische Insel grüßen! Ebenso vis-à-vis in der Dorfstraße 39, wo sich Elisabeth von Eicken 1894 mit freiem Blick auf Dünen und Meer ihre *Villa Elisabeth* entwarf. Die aus Mühlheim an der Ruhr stammende Industriellentochter, geboren 1862 und damit zehn Jahre jünger als Anna Gerresheim, feierte schon früh Triumphe auf internationalem Parkett, war auf Ausstellungen der Royal Academy in London und der Biennale in Venedig ein Begriff. 1897 heiratete von Eicken den Gutsbesitzer Richard Raimar Jeffery Henry Edler von Paepke und bekam mit ihm drei Kinder: Anna Luise, Mary Luise und Joachim Heinrich als jüngsten Spross. Die älteste Tochter notierte nach dem Tod ihrer Mutter, dass sie bis ins hohe Alter hinein »ihre langen dicken Zöpfe zu einem großen Nest« auf dem Kopf flocht und meist schlichte schwarze Kleider trug.

Zu allen Jahreszeiten zog es sie nach Ahrenshoop, an die Küste im silbernen Licht, wo sie ihre »schönsten Bilder« malte. Berühmtheit erlangte von Eickens Gemälde *Im Moor. Memento Mori* (um 1896) – eine geheimnisumwitterte Momentaufnahme vom Darßer Wald mit seinen Riesenfarnen und Erlenbrüchen, komponiert in Braunviolett, erdigem Rot und welkendem Gelbweiß. In der Künstlerinnen-Enzyklopädie heißt es dazu, dass dieses Werk seinerzeit das einzige »eines Nichtbayern« gewesen war, welches die »Münchner Sezession« für die Große Nürnberger Kunstausstellung zugelassen hat. Und zu Elisabeth von Eicken, die stets vornehme Zurückhaltung übte, wird konstatiert: »Diese Malerin, die ihre künstlerische Ausbildung in Paris erhalten hat, verbindet mit einem eminenten technischen Können, einem glänzenden, satten Kolorit, eine durchaus persönliche Naturauffassung, deren kraftvolle Eigenart ihre Bilder unter hundert anderen sofort erkennen lässt.«

Nach der Grundsanierung 1998 galt von Eickens Haus als eine der feinsten Logieradressen in Ahrenshoop, »eine Schönheit«, schwärmte der Berliner Architekt und Designer HEP Simon, »schon alt, aber immer noch stolz, aufrecht, beeindruckend«. Durch unlängst erfolgte Umbauten und radikales Abholzen der blickdichten hohen Hecke an der Straßenfront verloren sich Eleganz und Charme. Glücklicherweise blieben die weißen vertikalen Holzverschalungen und auch die von Künstlern kreierten sechs Hotelzimmer davon verschont. Zimmer 3 trägt die Handschrift der Malerin Lale Meer: Ostseehellblau strahlen Wände und Decken, laden zum Seelebaden ein. Und an der Hausfassade über dem Eingang schwebt noch immer *Der Balancierende* aus dem Fundus des Berliner Bildhauers Hubertus von der Goltz. Seine Kunst des Gleichgewichts passt zu Ahrenshoop. Schon immer suchten hier Menschen ihren Weg – zum Malen, zum Schreiben, zu sich selbst.

Ahrenshoop zählte 1894 rund 160 Einwohner, fast genau so viele Badegäste tummelten sich im Sommer am Strand. Im *Baltischen Hof* in der Dorfstraße 4 gab es nun eine Poststelle und den ersten Fernsprechanschluss. Über ein Dutzend Häuser umfasste die Künstlerkolonie um 1900, darunter in der Dorfstraße 30 auch das des Malers Hugo Richter-Lefensdorf. Er besaß den Ruf eines trinkfreudigen Spaßvogels, litt indes unter Schwermut, was kaum jemand wahrgenommen hat. Aus der Nähe von Waren an der Müritz verschlug es auch Richter-Lefensdorf an die Berliner Kunstakademie. Ab 1895 waren regelmäßig Bilder von ihm mit Motiven aus Ahrenshoop auf »der Großen« zu sehen. 1904 wies die Jury drei seiner Einreichungen zurück. Daraufhin schoss sich der Fünfzigjährige in seinem Ahrenshooper Haus eine Kugel in den Kopf. Vor dem heutigen Privatbesitz bleiben Gartenfreunde an den knorrigen Weiden der Gartenpforte stehen, freuen sich am üppigen Grün, das um das gepflegte flache Fachwerkgemäuer herum Mulden und Hügel wie mit einem Teppich bedeckt. Nur wenige wissen, dass Hugo Richter-Lefensdorf 1896 mehrere Holzfässer dicht an dicht mit fruchtbarer Erde in den Dünensand seines Gartens grub. Umgeben von Pappeln, Farnen, Ilex und Efeu wuchs daraus eine wild blühende Oase, die zwei Weltkriege und den Sozialismus der DDR überstanden hat.

Dass sich das »Malernest« erstaunlich rasch in ein Seebad verwandeln würde, hatten die Kolonisten gewiss nicht gedacht. Gleichwohl waren sie es selbst, die den Zuzug an »Forensen« durch Verwandte und Bekannte und Mund-zu-Mund-Propaganda beförderten und auch den Gästeboom ankurbelten. Während Usedom zur viel zitierten »Badewanne Berlins« wurde, entwickelte sich Ahrenshoop zu einer Berliner Kunstdependance. Eine nicht unwichtige Rolle spielte dabei die Sommermalschule im Atelierhaus *St. Lucas* (später wurde aus dem »c« ein »k«). Spiritus Rector war wie in der Kolonie auch hier Paul Müller-Kaempff, der die Einrichtung einschließlich Pension in der Dorfstraße 35 errichten ließ, und zwar vornehmlich für »Damen«, wie einer damaligen Annonce zu entnehmen ist. Vierzehn Aspirantinnen eröffneten 1894 die erste Unterrichtssaison. Eines schönen Tages meldete sich ein malfreudiges Fräulein Else Schwager an. Sie wurde 1905 Paul Müller-Kaempffs Ehefrau.

Nach turbulenten politischen Zeiten wurde das Atelierhaus 1994 neu belebt, ist es als *Künstlerhaus Lukas* heute aktiver denn je. Und damit auf zu unserem nächsten Streifzug!

Paul Müller-Kaempff mit Malschülerinnen

SCHMÖKERN IN DEN LOGBÜCHERN DES KÜNSTLERHAUSES LUKAS

»Allmonatlich wechselt die Crew«

Heiliger Lukas, der du Patron der Ärzte, Künstler, Goldschmiede, der Glasmaler, Bildhauer, Sticker, Notare und Metzger bist, beschütze mich, denn ich bin alt geworden, die Winterstürme heulen – ich ducke mich hinter den Dünen, ich stöhne und ächze, wenn sie um mich wirbeln. Aber ich bin nicht taub, bin sogar äußerst hellhörig, höre sie herauf- und hinunterknarren, trappeln, schwatzen, träumen. Sie träumen viel – und ich möchte ihre Träume beschützen. Damals, als ich jung war, waren sie auch jung. Schöne Frauen mit geschürzten Röcken, Hornkämmen im hochgesteckten Haar. Mit wilden Herzen, mit Staffeleien unterm Arm, aufgezogenen Leinwänden und Farbkästen zogen sie zum Meer und in die Fischerdörfer. Indigo und Ultramarin, Karmin und Ocker, Neapelgelb und Kremserweiß kleckerten aus den Tuben. Heiliger Lukas, was für ein Anfang! Schöpfungstage waren das.

Ja, Schöpfungstage voller Wagemut und Experimentierlust. Davon handelt die *Anrufung* (2014) der Hallenser Autorin Christine Hoba, unschwer erkennbar als Stimme des *Künstlerhauses Lukas* in Ahrenshoop. Zu den ersten Malschülerinnen gehörte die schlesische Generalstochter Eva von Pannewitz. Auch sie baute sich in Ahrenshoop ein Haus, aber nicht in der Dorfstraße, sondern auf dem Schifferberg, die Fensterscheiben mit Ranken und Blumen bemalt – Haltepunkt auf unserem nächsten Streifzug.

1909 verpachtete Paul Müller-Kaempff sein Atelierhaus, zehn Jahre später, nach dem Ende des Ersten Weltkrieges, als die meisten Künstler der ersten Koloniegeneration Ahrenshoop verlassen hatten, verkaufte Müller-Kaempff es an Bernhard Saatmann aus dem Ahrenshooper Saatmann-Clan. Als *Pension St. Lucas* – »12 Zimmer, gute Betten. Gute Verpflegung. Zivile Preise« – lief der Betrieb, neu mit Frisör, erfreulich florierend weiter. Zur *Pension*

Saatmann wurde das gern gebuchte Quartier in der DDR. »Jedes Zimmer hat seinen eigenen ›poetischen Namen‹, neben uns ›das blaue Wunder‹«, notierte Saatmann-Gast Victor Klemperer 1953 in sein Tagebuch. Er bewohnte das Zimmer »Schau ins Land«, das groß und luftig war. »Balkon davor, der Blick geht über welliges Wiesengelände«. Auch damals rief das Haus seinen Schutzheiligen an, damit all jene, die zwischen den Stühlen der eigenen und der verordneten Wahrheit saßen, an ihren Träumen festhalten konnten. Längst sind neue Bewohner da. Sie baden im Mondenschein und schwimmen so weit auf die Ostsee hinaus, wie sie wollen – ohne Angst vor Grenzpatrouillen. »Sie knarren die Treppen hinauf und hinunter«, lässt uns Christine Hoba die Stimme des Künstlerhauses weiter hören, »sie sitzen bei einer Flasche Rotwein am Küchentisch in der Nacht, schmieden hochfliegende Pläne und gehen in die Welt zurück, in der sie als Taugenichtse gelten und Habenichtse sind«.

Als Begegnungsstätte für Stipendiaten aus Deutschland, Skandinavien und dem Baltikum halten sich heute Schriftsteller und Künstler unterschiedlicher Sparten im einstigen Atelierhaus auf – zum Arbeiten an eigenen Projekten und zum gegenseitigen Austausch. 1998 verewigte sich der Lyriker und Dramatiker Volker Braun im Gästebuch, verfasste er *Einsteins Wiese* in Ahrenshoop:

Der Makler führt mich auf den falben Hügel
Einsteins Wiese im krummen Raum
Der Geschäfte, Ginster mit Grundriss
DAS EXIL IN BENZINFREIER LUFT zum Liebhaberpreis
Böhmen am Meer wird eine Immobilie
In den Kulissen der Jahreszeiten
Brauche ich denn einen Grund? Zum Leben
Nach der Vorschrift oder vor der Nachschrift:
Eben noch lagen wir im Unendlichen Weib Kind Eidam
Und wälzten uns aufm Boden grundlos froh
Atme Beine und Zunge an der Narbe des Grases.

In den Logbüchern des Künstlerhauses, namentlich den *AHRENSHOOPER* HEFTEN, die 1998 erstmals erschienen, finden sich bunt schillernde Phantasien. Im glücklichsten Falle entsteht etwas Gemeinsames, schrieb der Stralsunder Lyriker Matthias Schümann zum Auftakt in einem Editorial, denn oft schieden sich die Geister im Denken und Tun, »in dieser Enklave jedoch stoßen die Künste aufeinander, so dass zuweilen die Funken sprühen wie draußen die Gischt«. Von Anfang an unter den Stipendiaten dabei: Peter Wawerzinek, das mecklenburgische Ostseekind. Doch zunächst sei Andreas Schäning erwähnt, über den sein Kollege Schümann geradezu ins Schwelgen geriet: »Wie kaum ein anderer Dichter lässt der Stralsunder seine Verse in der Sonne braten oder im Salzwasser dümpeln, bis sie reduziert sind auf das Wesentliche: *Du träumst, träumst, Ich / Weiß nicht, wer's gerufen hat.*«

Seit 1994 besuchten über tausend Stipendiaten das *Künstlerhaus Lukas*. Nicht alle rückten mit ihren Texten, Bildern, Installationen oder Fotografien Ahrenshoop in den Mittelpunkt. Viele lernten »langsam, ganz langsam langsamer zu werden«, wie eine Stipendiatin skizziert, eine andere ließ sich von den Räumen, die wie »eingelegt in energetische Marinade« wirken, zu verborgenen Seelenwanderungen inspirieren. Oft schimmern Meer und Bodden durch Pinselstriche oder Akkorde, entsteht Seeschwalbenfederleichtes wie 2007 im Gästebucheintrag der schwedischen Autorin Marie Lundquist: »... Eine Schere mit losen Schenkeln zerschneidet das Gedächtnis. Rings um die Hälse der Wörter Balsam, eine mit Lasur aufgetragene Zärtlichkeit.« Peter Wawerzinek sammelte 1998 »allein in Kälte gehüllt« in Ahrenshoop die Erfahrung, dass ihn »in Scharen« Erinnerungen ans Meer umtobten, bis er eine nach der anderen bat, »ruhigen Tons vorzusprechen«, mit folgendem Resultat: »Ich durfte, aus welchem Grund auch immer, nicht ins Wasser. Ich war da eventuell acht. Nein, rufen die Erinnerungen. Neun. Acht. Sechseinhalb. Zwölf, was alles sein kann und überhaupt nichts.« In Ahrenshoop sei sein erstes gutes Buch entstanden, deutet der Wortkünstler an. Aus jenen Erinnerungen sprudelte *Das Meer an sich ist weniger* (2000) – ein »kleines Wunder, ein großes Stück Literatur«, lobte

Künstlerhaus Lukas

seinerzeit die *FAZ* und meinte damit auch das gleichnamige Hörspiel, in dem Wawerzinek wohlmeinende Ratschläge gibt:

Junge, vertraue dich dem Meer an. Das Meer kann schweigen. Es ist auf deiner Seite. Was auch passiert. Das Meer ist keine dumme Petze. Keine Quasselstrippe. Es ist eine Zudecke, unter welcher du dein heimliches Tagebuch führen wirst. Schau, so oft du es einrichten kannst, aufs Meer. Das Meer schenkt dir Träume vom Tauchen und Unterwasserwohnen. Laß dich nicht täuschen. Das Meer schmückt sich mit Bierflaschen und kleinen Lachmöwen. Mit Balken. Kartoffelschalen und manchmal mit der Wasserleiche. Siehe drüber weg. Höre auf die Sprache der Wellen. Das Meer hat eine rege Phantasie. Es zeigt sich glücklich und oft verschmutzt.
Hoch lebe das Wasser. Das Wasser, denken die faulen Melkerinnen, das Meer soll ins Dorf kommen und unsere Kühe melken. Das Wasser, wünschen die häßlichen Mädchen, soll uns die Häßlichkeit fortwaschen. Das Wasser, betteln die Schönheitschirurgen, soll entscheiden, aus welchem Mädchen ein Vamp wird. Die immer frohen lachenden Wellen rufen KOMM, *flüstern* GEH, *säuseln* KOMM, *greinen* GEH *und* KOMM. *Das ist leichter als dahingesagt.*

Töchter aus meist wohlhabendem, oft adligem Hause, nahmen einst am Unterricht in Müller-Kaempffs Sommermalschule teil. Ein Jahrhundert später hat sich die Welt verwandelt und damit auch der Hintergrund der Lukasklientel. 1999 befand der Autor und Literaturwissenschaftler Thomas Ernst: »wir wuchsen auf mit zweitfernseher, videogerät, privatsendern, computer, internet (...) wir haben noch nie gewonnen und noch nie verloren, wir haben noch nie gekämpft, wir haben nie ja und nein gesagt, wir wurden nie gefragt, wir wollten auch nichts sagen.« Prosaminiaturen über Trabifahrten an die Ostsee flossen aus Tintenfüllern, Nachdenkliches zur Zukunft, die hoffentlich nicht den Westen kopiert: »Alles planiert, asphaltiert, erschlossen, fertig« – so Johannes Theodor Barkelt als *Dichter auf dem Darß* (2001) während seines Aufenthaltes im Ahrenshooper Künstlerhaus.

Bis 2003 leitete Inga Rensch die international vernetzte Institution. Dabei gewann die Malerin, Grafikerin und Autorin oft den Eindruck, »als zöge da ein großes Schiff seinen Weg, seinem Ort zwar tief verhaftet, schwer mahlend aber quer durch die Zeitläufte und immer wieder den Mast trotzig in Wolkennähe gereckt«. Um nicht zu kentern, bedurfte und bedarf es einer Besatzung, die kühn und unerschrocken ist. »Allmonatlich wechselt die Crew«, stechen fünf »Matrosen« – männliche wie weibliche – in See. Die Heuer reicht leider immer nur für vier Wochen. »Der Seegang ist gewaltig. Matrosen – mal mit, mal ohne Schiff – sind sie jedoch allezeit.«

Noch immer ist das Schiff auf verwegener Fahrt unterwegs. Zurück an Land, füllen sich die Logbücher mit literarischen Preziosen, vervollständigt jede Crew das Inhaltsverzeichnis der Ostsee, so kam etwa das »ewig nickende Borstenvieh, das die Düne ist«, 2004 in Versen von Ron Winkler hinzu. Grit Kalies, Professorin an der Hochschule für Technik und Wirtschaft in Dresden und obendrein Absolventin des Leipziger Literaturinstituts, betrieb als Stipendiatin im *Künstlerhaus Lukas* höhere *Mathematik* (2008):

Wenn man den Wind abzieht
und das Zwitschern der Vögel
und den Blick auf den Bodden
und das Grün auf der einen Seite
und den Blick auf das Meer

auf der anderen, wenn man die
reetgedeckten Dächer abzieht
und die Urlauber und die Mücken
die nur als Warnung existieren
an einem frühen Junitag

bei 28 Grad, wenn man den Stein
auf dem Tisch abzieht und den
Tisch und das Rundherum, das sich
Künstlerhaus Lukas oder Dorf oder

Strand oder Café Namenlos nennt
und die Holzkähne Eka, Muck
und Barsch und die norddeutsche
Sprache, Anna Lali im Tragetuch
und das eine ferne Wölkchen
am nahen Himmel

den Duft nach frischem Gras
und die Farbe, wenn man die viele
Farbe abzieht und Steven Black
und die trockne Grundierung
vor dem Feuer, was bitte schön

bleibt dann noch von Ahrenshoop

Unter der Leitung der Malerin und Grafikerin Gerlinde Creutzburg überstand das Lukas-Schiff bis in unsere ach so globale Gegenwart manchen Orkan, hielt es schweren Wogen und gefährlichen Unterströmungen stand. Immer wieder kehren alte Crewmitglieder auf ein Wiedersehen zurück, zum Beispiel die Prosaautorin und Essayistin Ulrike Draesner. Harmonierte im Künstlerhaus doch alles ungewöhnlich gut, so ihre Referenz ans *künstlerhaus lukas, ahrenshoop* (2004):

intensiv war's, mit nordlicht, und der strand,
und die anderen! Die waren großartig,
gemeinsamkeit unter künstlern, selten, hier
war's. abends in der küche, beim vorlesen
in der nacht, ansehen von bildern,
diskutieren am morgen, beim fischkaufengehen,
scherzen, einheimisch werden. Wir beschlossen:
das haus nehmen wir als piraten ein.
und gehen nicht mehr weg. so war's, darauf
lief es hinaus. das nordlicht, die arbeit, der
garten, im april. aufblühend, wurde es. Der darß,
so real und fiktiv (auf karten mal zusehen, mal nicht),
weststrand, die salzsprunglinie der see,

würde gern wiederholt werden, zu fünft,
so flüstern wir noch manchmal:
das haus, das kapern wir! Denn eines
war's: wunderbar.

Beim Schmökern in den Logbüchern fällt auf, dass die Abgeschiedenheit ein zunehmend kostbares Gut zu werden scheint – auf besondere Weise empfand dies unlängst die aus Anklam stammende Judith Zander:

Entscheidungen sind wenige zu treffen. See oder Bodden, zu Fuß oder mit dem Fahrrad, auf dem Rückweg einkaufen oder nicht. Nicht: wo. Und auch kaum, was. Fisch, Sanddornsaft, Glühwein, Kerzen (verboten), Schreibblock, Meisenknödel. Drei Hemden, zwei Hosen, zwei Pullover passten in den Koffer, die Hälfte ist noch sauber. Die Kühe interessiert es nicht. Die Arbeit geht schnell voran, schneller als gedacht. Ich übersetze: She is in love with the beautiful formlessness of the sea. *Sie, die See, übersetzt mich in die Sprache, die ich am besten verstehe. Am Geburtstag um Mitternacht kriegt sie einen Schwaps Kräuterlikör. Ich überlege, was wohl ein Häuschen kosten würde. Verwerfe den Wunsch. Seine große Liebe heiratet man nicht.*

Auch die Buchkünstlerin Judith Schalansky, wie Judith Zander 1980 geboren, zählt inzwischen zum Matrosenstamm. Als Greifswalderin ist ihr die Ecke vertraut. Ob am Bodden. Oder am offenen Meer, »das immer das meine bleiben wird«. Ob in hellen Monaten oder in grauen: »Möwen zanken sich um Eingeweide, die der Fischer am Ufer aus den schuppigen Körnern zieht und den aasigen Tieren zum Fraße vorwirft. Der Strandläufer, ein Ei auf zwei Beinen, rast den Spülsaum entlang. Das Dorf erholt sich von der Saison.«

Was wird das Künstlerhaus dem heiligen Lukas von all diesen Schützlingen, ihrem Trappeln, Schwatzen, Träumen, anvertrauen? Vielleicht, dass nicht wenige von ihnen sämtliche Bücher der Hausbibliothek verschlungen haben, und, schade, Christa Wolf, die 1979 zugegen war, offenbar keine Schriftspuren hinterlassen hat. 1987 begleitete der Berliner OSTKREUZ-Fotograf Grischa Meyer den Dramatiker Heiner Müller mit Filmteam am sibirisch eisigen Ahrenshooper Winterstrand: »Die Kamera fror ein, endlose Wiederholungen, bis die Schmerzgrenze der Beteiligten erreicht und der Regisseur zufrieden war.« Nach Drehschluss ermahnte der Hausmeister im *Lukas*: Schuhe aus! »Der frischlackierte Boden hatte den allgegenwärtigen Ostseesand zum Feind«.

2014 wurde kräftig gefeiert, 365 Tage lang. Wo gibt es denn so was? In Ahrenshoop! 1894 – 1994. Hundertzwanzig Jahre Atelierhaus – Zwanzig Jahre Künstlerhaus. Gratulation! Dauerschützling Peter Wawerzinek dankte dem Doppel-Jubilar in einem vergnügten Brief: »Mein geliebtes Haus Lukas, meine schöne Ostsee, du, herrliches Ahrenshoop, sei gelobt!

VOM KURHAUS BIS ZUM KUNSTKATEN

»Sandhoop kam in Mode!«

»Ich kann ohne Übertreibung sagen, dass ich zusammen mit den Kiefern aufgewachsen bin, die nördlich des Kurhauses die beiden Wege nach Neu-Ahrenshoop begleiten. Sie waren ebenfalls klein, als ich klein war. Wir hatten einmal ungefähr die gleiche Größe. Das war im Sommer 1901.« Ein Rückblick von Käthe Miethe – natürlich! Als Achtjährige reiste die Fischlandchronistin mit ihren Eltern und Schwester Inge zum ersten Male nach Ahrenshoop. Die Familie lebte um jene Zeit in Berlin, im Stadtteil Charlottenburg, wo der Vater, Adolf Miethe, an der Technischen Hochschule den damals einzigen Lehrstuhl für Photochemie und Spektralanalyse innehatte. Zuvor war der weltweit bekannte Erfinder der »Dreifarbenphotographie« mit ausgeprägtem Hang zum Ballonfahren und Segelsport Direktor der Optischen Anstalten Voigtländer & Sohn in Braunschweig. Von Käthes Mutter, Marie Miethe, geborene Müller, wissen wir, dass Adolf Miethe mit den Landschaftsmalern um den Berliner Akademielehrer Eugen Bracht verkehrte und man gemeinsame Sonntagsspaziergänge im Grunewald unternahm:

Dabei wurde nun auch oft von der Künstlerkolonie Ahrenshoop am Darß und an der Ostsee gesprochen, und man schlug uns vor, doch auch dort einmal die Sommerferien zu verleben, statt wie sonst, nach den skandinavischen Ländern zu reisen. So wurde es dann abgemacht, dass Herr Schlotermann, der ein Fischerhaus mit Strohdach in dem kleinen Dorf Althagen bei Ahrenshoop besaß, und mit Ausnahme einiger Wintermonate, die er mit seiner Frau in Berlin oder Dresden zubrachte, immer dort wohnte, uns in Ahrenshoop eine Sommerwohnung für die Ferien bestellen sollte. Ich fuhr mit den Mädchen voran, weil Adolf noch nicht fort konnte von seinem Laboratorium. Er war sehr elend und abgearbeitet und sehnte sich nach Ruhe, aber erst musste das Se-

Käthe Miethe

mester zu Ende sein, während die Kinder früher Ferien hatten. Ich nahm Adolfs Malgepäck mit und wurde daraufhin schon auf dem kleinen Dampferchen, das uns von Ribnitz über den Bodden fuhr, von einem Herrn angesprochen: ich sei wohl auch »Malerin«. Dann in Althagen am Hafen empfingen uns Herr und Frau Schlotermann und brachten uns zu dem Wagen, der uns nach Ahrenshoop in die Pension der Frl. von Pannewitz und Mademoiselle von Choffel brachte!

Heinrich Schlotermann war Maler, viele seiner Bilder, darunter auch Motive von Hiddensee und der verwunschenen Insel Vilm im Greifswalder Bodden vor Rügen, kannte das Berliner Kunstausstellungspublikum. Sein Rohrdachanwesen in Althagen, ein zweihundertfünfzig Jahre altes Kapitänshaus, in dem Uwe Johnsons spätere Ehefrau Elisabeth bei ihrer Tante, Ilse Schmidt, als Kind viele Sommer verbracht hat, schauen wir uns später an. Hier erst einmal weiter mit Eva von Pannewitz, von der wir bereits hörten, dass sie Malschülerin von Paul Müller-Kaempff gewesen war. Das Gleiche gilt für »Mademoiselle«, die Französischlehrerin Henriette von Choffel. Tür an Tür hatten sich die Freundinnen auf dem Schifferberg 7 und 8 jeweils ein Haus gebaut. Dazu kursiert eine Anekdote in Ahrenshoop, die mit dem klotzigen Kurhausbau 1891, *Hotel Bogislaw*, ihren Ausgang nahm. Auftraggeber war der Rostocker Schiffshändler Carl Molchin, nicht zu verwechseln mit dem Maler Carl Malchin aus dem mecklenburgischen Kröpelin, der sich der Ahrenshooper Künstlerkolonie nie anschloss, aber Kontakt zu den jungen Kollegen hielt. Denn lange vor ihnen durchstreifte er die Gegend, hatte er die Ahrenshooper Mühle und viele andere typische Sujets auf die Leinwand gebannt. Carl Molchin nun besaß aus einem Erbe auch eine Gipsplattenfabrik. Sie machte pleite. Wohin mit dem Zeug? Kurz entschlossen, verwendete er die Gipsplatten für den Kurhausbau in der Dorfstraße 45 und die Häuser auf dem Schifferberg. Dass sich Marie Miethe bei der Ankunft wenig begeistert zeigte, verwundert vor diesem Hintergrund kaum.

Da lagen auf einem sandigen Hügel, kahl – zwei kleine Häuschen, eins wie das andere gebaut, mit den Giebeln zur See gewandt – verbunden durch eine Veranda aus Brettern! Der Anblick war eine Enttäuschung und das Ganze überhaupt! Auf kahler Höhe lag das Hotel Bogislaw, wovon es doch im Prospekt geheißen hatte – inmitten eines Wäldchens von Birken und Kiefern. Rings herum ganz niedriges Buschwerk, von Bäumen keine Rede! Vor uns in kurzer Entfernung, hinter niedrigen Dünen die freie See! Strandhafer war das spärliche Grün auf den sandigen Hügeln.

Wer Leseappetit auf mehr dieser Schilderungen hat, schnappe sich *Damals in Althagen* (2007), herausgegeben von Helmut Seibt, einem »Isenbahner« aus Wustrow, also einem mit Festlandwurzeln per Eisenbahn auf das Fischland Zugezogenen. Aus dem verstreuten Miethe-Nachlass stellte der frühere Lehrer und Mathematikdidaktiker eine Auswahl von Briefen und Texten zusammen, die eine ebenso vergnügliche wie informative Strandkorblektüre bieten. Noch Etliches daraus werden wir uns zu Gemüte führen.

Für die achtjährige Käthe, eigentlich Katharina Ella Ottilie, und die um zwei Jahre ältere Ingeborg Friederike Christiane, stellte sich jener Sommeraufenthalt 1901 aufregend und abenteuerlich dar. Kinderaugen sehen eben anders. Und so lesen wir in Käthe Miethes Buch *Das Fischland* (1948), wie sehr sie der Schifferberg fasziniert hat, hinter dem die unbewohnte Weite der Dünen begann, »die Welt des Strandhafers und des Schlehdorngestrüpps, der Immortellen und Libellen, der winzigen duftenden Musserongs, die Welt der Wildnis, in der wir Räuber und Prinzessin spielten.« Die Berliner Kinder hatten bis dahin noch nie Dünensand gesehen. Schön wären ein paar bunte Blumen, überlegten sie sich und ließen sich was Schlaues einfallen. »Wir opferten unsere Bälle, schnitten sie durch, holten uns aus Althagen ein bisschen Gartenerde, füllten die halben Bälle damit, pflanzten eine Studentenblume hinein und setzten das Ganze in eine Düne. Das war unser Garten am Meer.«

Seit 1897 residierte auf dem Schifferberg auch Paul Müller-Kaempffs Weggefährte Friedrich Wachenhusen. Wie viele Koloniemitglieder hatte der gebürtige Schweriner an der Berliner

Akademie studiert. Neben Müller-Kaempff gab er in der Sommermalschule *St. Lucas* Unterricht. Gemeinsam malten sie den Festsaal des Kurhauses mit Ahrenshooper Motiven aus. Bald gab es unter den beiden Zwist, ein Zerwürfnis wohl gar. Im *Dünenhaus* am Schifferberg, heute ein intimer nobler Veranstaltungsort, richtete Wachenhusen seine eigene Malschule ein. Für Müller-Kaempff eine herbe Konkurrenz. Künstler sind keine Engel. Auch in Ahrenshoop machten sich Neid und Eifersüchteleien breit.

PS: Friedrich Wachenhusen wird nachgesagt, dass er auf Elisabeth von Eicken ein Auge geworfen haben soll. Blitzte aber ab. Doch fand der Charmeur und passionierte Jäger ein anderes blaublütiges Vorzeigestück: die Dresdner Opernsängerin Eva Freiin von Gillern. Nach ihrem Tod 1910 heiratete Wachenhusen eine zwanzig Jahre jüngere Malschülerin.

Der Aufenthalt der Familie Miethe auf dem Schifferberg währte nicht lang. Schon bald wurde Ahrenshoop als Ferienquartier ade gesagt, nachdem Adolf Miethe anlässlich eines Besuchs bei Schlotermanns in Althagen durchblicken ließ, wie sehr er sich dort wohl fühlen würde. »›Na, dann kaufen Sie doch den alten Katen hier drüben und bauen Sie sich ihn zurecht‹, antwortete Schlotermann, und wies auf ein Gestrüpp in der Nähe, aus dem man ein Rohrdach gewahrte«, so Marie Miethe in ihren Memoiren, die einzig für die Kinder bestimmt waren. »Wir krochen am nächsten Tag durch das Gestrüpp, durch Brennesseln und Beifuß unter alten krüppelhaften Sauerkirschbäumen und fanden ein verfallenes Häuschen und einen noch verfalleneren Stall in einem verwilderten Garten.« Noch im selben Sommer 1901 machte Adolf Miethe den Kauf perfekt.

Ahrenshoop blieb gleichwohl für Miethes ein geliebtes Idyll, nicht zuletzt wegen der Runden am Künstlerstammtisch in der urigen Wirtschaft von Kapitän Martin Rubarth (ab 1911 *Zum Seezeichen*) und den Geselligkeiten im *Bogislaw.* So gastierte dort das Berliner *Überbrettl* mit Elsa Laura von Wolzogen, der populären Lauten-Sängerin und Liedsammlerin. Ernst von Wolzogen, ihr Ehemann, gründete das literarische Kabarett 1901 als eines der ersten in Deutschland nach dem Vorbild französischer

Etablissements. Aufführungsort in Berlin war das *Café des Westens.* Plakate und Kostüme entwarf Edmund Edel, dessen Berliner Wohnung gleich um die Ecke am Kurfürstendamm lag. Und auch er saß unter den Künstlern am Stammtisch in Ahrenshoop, scherzte und lästerte mit ihnen bei einem Portwein im Zigarrenqualm. Im Sommer 1900 strichelte Edel die Karikatur *Das Malhuhn* auf ein Blatt, althumanistisch untertitelt: *Gallina pectoris communis Ahrenshoopiensis.* Malende Frauen, im Männerjargon auch »Malweiber« oder »Klexhexen«, wurden im Zuge der sich formierenden Frauenbewegung ebenso diffamiert wie die ersten Studentinnen, die die Tempel der Wissenschaft eroberten.

Mehrere Jahre vor Edmund Edel besuchte Alfred Richard Meyer, alias Munkepunke, Ahrenshoop, trat er im *Bogislaw* mit Gitarre auf. Nach fruchtlosem Jurastudium verschrieb sich der Schweriner Wahlberliner der Lyrik, entdeckte er Seebär Ringelnatz, verlegte *Kuttel Daddeldu*, drehte mit Dadaisten wortakrobatische Saltos, frönte der Nacktbadekultur. 1907 veröffentlichte er seine *Ahrenshooper Abende*, einen limitierten Privatdruck mit *Fünf lyrischen Pastellen* über einen einsamen Strandwanderer bei Sonnenuntergang, »Frau Professor Else Müller-Kaempff in Freundschaft herzlichst zu eigen«. Die Schlussstrophen des Fünfundzwanzigjährigen lauten:

Im braunen Seegras sirrt ein letzter Wind.
Weich ebbt das müde Meer, und traumverloren
Verschäumt die Welle, eh' sie noch geboren,
der Abend seine Nebelschleier spinnt.

Ein leises Wehn im Säuseltanz verwischt
Weich eines nackten Fußes spätes Schreiten,
und in den wolkenwilden Dunkelheiten
des Leuchtturmes fahles Feuer erlischt.

Wie jene Spur verweht im weißen Sand,
so blich dein blasses Bild in meinem Leben,
doch durch der sorgengrauen Tage Schweben
glüht ewig heiß der Augen Flammenbrand.

In ihrem Fischlandbuch, dem Klassiker über Althagen, Niehagen, Wustrow und einem Blick über die Grenze nach Ahrenshoop, erzählt Käthe Miethe, dass man dem Künstlervolk stets wohl gesonnen war und über ihre Eskapaden schmunzelte. Als Kinder spürten sie und ihre Schwester das Verlockende und Ungewöhnliche in Ahrenshoop, sahen ganz andere Menschen als jene, die ihnen sonst begegnet waren.

Wir hatten in Ahrenshoop auch einen völlig anderen Vater bekommen. Er war nicht mehr der Professor, dessen Namen viele Menschen kannten, der imstande war, den Hut zu ziehen und weiterzugehen, wenn er seine Kinder im Kreis ihrer Kameraden auf dem Heimweg von der Schule sah. Der Vater war jetzt ein Mann, der in einer geliehenen grünen Joppe und einer Insektenspritze am Gürtel als Kammerjäger pfeifend zu einem Kostümfest in das damalige Hotel »Bogislaw« ging. Dieses Kostümfest hatten die Künstler von einem auf den anderen Tag angesagt, weil Regenwetter das Malen im Freien unmöglich machte. Für dieses Fest sollten keine fertigen Kostüme beschafft werden. Jeder hatte sich selbst etwas auszudenken und herzustellen. Wir durften am Abend ein Weilchen durch die Fenster des »Bogislaw« in den Saal schauen und bewunderten den Hamburger Maler Karl Rathjen in der mit Brezeln benähten Nachtjacke der alten Frau Bäcker Friedrichs und waren voll Erstaunen über die große Gestalt einer Malerfrau, die als Germania in einem Schuppenpanzer aus versilberten Efeublättern erschien und auf dem Kopf einen Bowlendeckel mit Gänseflügeln trug. Wir hatten in Ahrenshoop auch eine ganz andere Mutter als in Berlin, eine Mutter, die sich von Marie Boldt in Wustrow einen geblümten Flandernhut machen ließ und die am Abend, wenn wir auf das Hohe Ufer wanderten, um die Sonne im Meer untertauchen zu sehen, und auf den letzten grünen Strahl bei ihrem Versinken warteten, plötzlich mit ausgebreiteten Armen zu singen begann: »Das Meer erglänzte weit hinaus.«

Die Gästezahlen stiegen von Saison zu Saison. Immer mehr »Forensen« wurden auf Ahrenshoop aufmerksam, ebenso Investoren, die ein Grundstück nach dem anderen kauften. Wieso das überhaupt möglich war? Anders als auf dem Fischland, wo Fremde noch bis 1918 keinerlei Grund und Boden erwerben konnten, blühte in Ahrenshoop die Bodenspekulation. Wer sich beispielsweise in Althagen ansiedeln wollte, konnte sich lediglich einen Hof oder eine Büdnerei kaufen, wie es Adolf Miethe tat, womit man sich zugleich allen Vorschriften im Hausbrief unterwarf. Um der am Gewinntaumel orientierten Entwicklung in Ahrenshoop Einhalt zu gebieten, schlug eine Gruppe von Künstlern vor, einen gemeinnützigen Verein ins Leben zu rufen, der sich jener Aufgabe annehmen sollte. 1904 begann der »Verschönerungsverein« seine Tätigkeit, denn gemäß Paragraph 1 der Satzung trat er »für den Genuss der Schönheit von Ahrenshoop« ein. Unter den Vereinsmitgliedern befanden sich Anna Gerresheim und Elisabeth von Eicken, Eva von Pannewitz und Henriette von Choffel, Friedrich Grebe und Heinrich Schlotermann. Zum Vorstand gehörten Adolf Miethe und Paul Müller-Kaempff, Schriftführer war aus Berlin der Musikwissenschaftler und Komponist, Major a.D. Oswald Körte, ein Vetter des Porträtmalers Martin Körte, Professor an der Unterrichtsanstalt des Kunstgewerbemuseums und an der Kunstschule Berlin. Auch Körtes besaßen in der Dorfstraße Häuser, Oswald in der Nummer 42, Martin in der 26, das 1908 in die Hände von Käthe Wegscheider aus der Berliner Familie um die spätere *Bunte Stube* überging. In der Ahrenshooper Historie ist vieles engmaschig miteinander verstrickt. Im Namen seiner Vereinsfreunde hatte Oswald Körte ein amtliches Verbot erwirkt, Dünen zu betreten und Stranddisteln auszureißen. Heiter komponierte und textete er dazu ein Lied:

Hoch! See und Dorf und Strand!
Kann's was Schön' res geben?
Dir weih ich Herz und Hand!
Ahrenshoop, sollst leben!

In diesem Sinne trat der Verein dafür ein, dass neue Häuser künftig nur ein Stockwerk haben und statt mit Pappe, Blech oder Ziegeln mit Rohr gedeckt sein sollen. Eindringlich warnten die

Künstler (die zum Teil allerdings selbst übergroß und städtisch gebaut hatten!) vor einer »Verschandelung« des Dorfes und prophezeiten, dass die Preise für Dünenland schon bald auf das Fünf- bis Sechsfache anschwellen.

Die Debatte hatte Berlin erreicht. Anlass genug für Heinz Tovote, den es aus der Provinz in die Reichshauptstadt getrieben hatte, aus dem Stoff einen Roman zu fabrizieren. Im Mittelpunkt das Schicksal einer Malerin in der Künstlerkolonie: *Hilde Vangerow und ihre Schwester* (1906). Angefeuert durch sein Debüt *Im Liebesrausch* (1890), einen Millionenerfolg, stürzte sich Tovote auf Ahrenshoop. Wo er während seiner Recherchen übernachtete, geben die Gästeverzeichnisse bedauerlicherweise nicht kund. Steckenpferd des trivialliterarischen Philosophen war die Anprangerung großbürgerlicher Dekadenz. Mühelos wurde er in »Sandhoop« fündig, wo Vertreter aus jenem Milieu Kästen und Villen »wie in einem auf Spekulation erbauten Berliner Vororte« in die Dünen rammten, die Fischer »langsam abwanderten« und »Herdennaturen« das Malerdorf überschwemmten, »weil sie Bilder gesehen hatten, die sie nun vergebens hier suchten, da ihnen ja die Augen fehlten für das, was die Maler ihnen gegeben hatten«. Die Folge war in der Wirklichkeit wie in Tovotes Roman »eine ganze Kolonie von Berlinern«, die den mondänen Bädern den Rücken kehrten – gesättigt von Promenaden, Kurkonzerten und gepuderten Damen. »Nachdem es lange wie versteckt ein stilles Dasein geführt hatte, kam Sandhoop plötzlich in Mode!«

Auch der Chefredakteur der politisch-satirischen Berliner Wochenzeitschrift *Kladderadatsch*, Johannes Trojan, griff den Wandel in Ahrenshoop auf. Der Danziger Kaufmannssohn war seit langem ein treuer Gast im Dorf, wohl jeder kannte seine Humoresken, seine Kinderlieder, verneigte sich vor seinem Gedicht *Der alte Schifferfriedhof* (1905), das mit dem Vers beginnt:

Zum alten Schifferfriedhof gern
Lenk ich den Schritt hin, wenn ich will
Fern sein den Menschen. Unten dort
Am Hang der Düne ist es still.

1909 zog Johannes Trojan nach Warnemünde. Mit seinem mecklenburgischen Dichterfreund Heinrich Seidel pilgerte er durch die Rostocker Heide, betrieb der versierte Botaniker Studien zu Aurikel, Federnelke, Gagel und Wiesenenzian. Dass damals in Ahrenshoop eine Menge Urwüchsigkeit abhanden kam, bekümmerte Trojan, der 1837 geboren war. Mit den Malern, die keinerlei Ansprüche hegten, manchmal unter Fichtenzweigen im Freien schliefen, begann der allmähliche Aufstieg von »Spickaalsdorf«. In seiner Erzählung *Das neue Seebad* (1907) berichtet Johannes Trojan davon: »Man lebte damals noch rasend billig in Spickaalsdorf. Es kam den Eingeborenen nicht in den Sinn, aus dem Aufenthalt der Künstler an ihrem Ort einen besonderen Vorteil zu ziehen. Sie waren überzeugt davon, dass diese lustigen jungen Menschen sehr wenig Geld besaßen, und sie hatten sie gern, auch wenn sie dieselben für eine Sorte von harmlosen Verrückten hielten.« Geld regiert die Welt. Im Großen wie im Kleinen. Die »Eingeborenen« hatten schnell raus, dass mehr aus ihrem Dorf zu holen war. Unversehens gerieten sie dabei in jenen Sog, dass jeder gestillte Wunsch der geschätzten Gäste einen neuen erzeugt:

Schon war man nicht mehr zufrieden damit, wenn in einem Zimmer ein Tisch mit zwei Stühlen stand, man verlangte auch noch ein Kanapee, eine Kommode und einen Spiegel. Man schüttelte den Kopf, wenn nicht die Wand mit einem kostbaren Neuruppiner Kupferstich geziert war. Vor dem Haus musste auch eine Laube sein. Eine solche ließ sich allerdings leicht herstellen mit Hilfe weniger Stangen, an die man Bohnen pflanzte. (...) Wann der erste Geheimrat in Spickaalsdorf angekommen ist, lässt sich mit Sicherheit nicht mehr feststellen. Es wird ungefähr um die Zeit gewesen sein, als das erste Klavier auf grundlosen Sandwegen mühsam aus der nächsten kleinen Stadt nach Spickaalsdorf geschafft wurde. Es war bestimmt für den Saal in dem neuen Gasthof »Zur Schönen Aussicht«, wo es seitdem von »talentierten« Badegästen weidlich gemartert worden ist. Um dieselbe Zeit tauchten auch in dem genannten Gasthof die ersten Speisekarten mit Beefsteak und Kotelette auf. Und auf einmal war ein Kellner da.

Der Kunstkaten

Kommen wir zum Schluss noch einmal auf Edmund Edel zurück. In seinem Artikel 1907 im *Berliner Tageblatt* nahm er die »lustige Kunstinvasion« ins Visier. Maler »beiderlei Geschlechts« würden mit ihren riesigen Leinwänden Roggenfelder und Dünen »beunruhigen«, Paletten und Pinsel auf Wiesen abwischen und selbst vor »armen Kleestauden« nicht zurückschrecken, »so dass die Kühe Magenverstimmungen davontragen und saure Milch zutage fördern.« In allen Ecken und Winkeln hockten Malwütige, so dass es »mit der Zeit überhaupt nichts mehr gab, was nicht schon in Oel, Aquarell, Pastell, Kohle, Buntstift, Bleistift, Nadel, Kreide auf Leinwand, Holz, Papier, Kupfer, Stein, Pappe abkonterfeit, radiert, lithographiert war«. Um die Fehden über Eigentumsrechte an den Motiven einzudämmen, kam »ein ingeniöser Kopf« auf die Idee, von der Kuh über den Katen bis zum Kartoffelacker alles mit Nummern zu versehen. »So gibt es also jetzt in Ahrenshoop Motiv Nummer 1 bis 114, wovon Nummer 25 bis 49 nur in Goldrahmen wirken, während man die anderen auch in alte holländische Leisten einfügen kann.«

Edmund Edel lag daran, das einzigartige Fluidum von Ahrenshoop zu bewahren, war froh, dass es dort weder »Réunions« noch »Automobilstraßen« gab und der Potsdamer Platz meilenweit entfernt lag. Verbrachten doch »Menschen« in Ahrenshoop ihre Ferienzeit, »Menschen, deren Gedankentätigkeit einmal im Jahr ein paar Wochen vollständig stillstehen will. Stillstehen, wenn sie im Sande liegen, den Himmel ergründen oder durch die Hände die zahllosen Sandkörner gleiten lassen.«

Im Sommer 1909 fand im Strandweg 1 eine Festveranstaltung statt: Der *Kunstkaten* wurde eingeweiht. Das Konzept für die geplanten Ausstellungen von Gemälden, Zeichnungen, Radierungen sowie den Kunstverkauf entwickelten Paul Müller-Kaempff und der aus München nach Ahrenshoop angereiste Kosmopolit Theobald Schorn. Im Strandweg 2 baute sich der Maler, der für seine Bilder mit orientalischem Genre weithin bekannt war, ein kleines Rohrdachhaus, geduckt hinter der Düne zum Strand. Beide Häuser sollten als Muster dienen, sich wieder mehr auf den traditionellen Baustil auf dem Fischland und Darß zu besinnen. Unverändert in Zuschnitt und Architektur wird Schorns

Haus heute als Ferienquartier genutzt. Leuchtend blau und geschmückt mit einer Darßer Tür repräsentiert der *Kunstkaten* die älteste Ausstellungsstätte in Ahrenshoop – ein Kleinod für Kunstgenießer und solche, die es werden wollen.

Für Käthe Miethe, die Bibliothekarin, Übersetzerin aus dem Norwegischen, Dänischen, Holländischen, langjährige Lektorin, Herausgeberin sowie Autorin im Rostocker Hinstorff Verlag, besaß Ahrenshoop trotz vieler baulicher »Stillosigkeiten« einen für die deutschen Lande überaus seltenen Charakterzug: Grazie. »Diese Grazie liegt gleichsam in der Luft, die der Zusammenklang des Meeres mit der weit nach Osten ausgedehnten Boddenwelt erzeugt. Über Ahrenshoop liegt eine Luft voll Salzgehalt und satter Feuchtigkeit, herb und süß zugleich.«

AM FLUTSAUM MIT HONIGGELBEM TANG UND QUALLEN

»Das Meer ist ja, hols der Deibel, immer schön!«

Er kannte die Halligen. Kannte Sylt. Und den Rest der Welt. »Immer mit Rad und Rucksack« war er von der Wismarbucht bis auf den Darß unterwegs. Als seine »Lieblingsbeschäftigungen« nannte er außer »Sätze meistern« an erster Stelle »Seefahren«, gefolgt von »Musik machen, Kindern gute Nacht sagen, Atmen«. Mecklenburg sprach ihn mehr an als Pommern. «An der Pommerngrenze wird alles frostiger; der holde Widerschein des Westlichen, des Reichen fehlt.« Und so dichtete Alfred Kerr, der berühmte Weimarer Theaterkritiker:

Mecklenburg –
Du hast mir wohlgefallen
Mit Wald und Flut und Quallen

Kerr machte ausgedehnte Wanderungen am Ostseestrand. »Die Gewandung hat man zuvor abgeworfen, so dass beim Gehen der Körper die Salzluft atmet – mit allen Poren.« Genussvoll gab sich der gebürtige Breslauer dem staubfreien sauerstoffreichen Seeklima hin, wie es die Medizin damals empfahl, die sich noch ganz in der Tradition des Rostocker Badearztes Samuel Gottlieb Vogel verstand, auf dessen Initiative 1793 in Heiligendamm das erste deutsche Seebad an der Ostsee gegründet worden war. In einem Katalog aus achtzehn Baderegeln sprach sich Vogel dafür aus: »Wenn man von dem Bade rechten Vortheil haben will, muss man es täglich, auch wohl jeden Tag zweymahl, wiederholen.« Für Alfred Kerr keine Frage, der sich nur allzu gern auf dem Rücken schwimmend in der Ostsee »aalte« – und Aal gern aß, gebraten, geräuchert, grün oder in Gelee. Vielleicht auch mariniert nach dem Rezept von Frieda Ritzerow, dessen *Mecklenburgisches Kochbuch* (1868) ein Jahr später auf die Welt kam als er: Alfred Kempner (seinen Nachnamen änderte er in Kerr, um nicht mit der »schlesischen Nachtigall« Friederike Kempner in Verbindung gebracht zu werden). Frieda Ritzerow war in der Nähe von Alt-Gaarz zwischen Ostsee und Salzhaff groß geworden, kannte sich mit Federvieh, Schalentieren und Fisch gleichermaßen aus, wusste, wovon sie als Köchin sprach: »Die abgezogenen, gereinigten und in Stücke geschnittenen Aale werden mit Salz bestreut, worin man sie eine Stunde lang liegen lässt. Sodann giebt man sie in ein Gefäß mit ziemlich viel Zwiebeln, ein paar Lorbeerblättern und etwas Nelkenpfeffer und gießt so viel Essig darauf, dass sie davon bedeckt sind. Hierin kocht man sie 1/4 Stunde bis 20 Minuten gar und servirt sie entweder warm oder thut sie zum Erkalten mit der Brühe in einen Glashafen, den man bis zum Gebrauche zudeckt.« Guten Appetit! Aalstücke im Glashafen – das könnte Alfred Kerrs Schreibträume beflügelt haben! Virtuos ließ er sein Sprachballett vor kuriosesten Kulissen tanzen.

Schon 1915 radelte der Sohn eines jüdischen Weinhändlers durchs Mecklenburger Land. »In der Finsternis sieht man Molen und nochmals Molen hineinlangen in das Unendlich-Düstere, von dem ein fischiger Duft aufsteigt; und das an diesen Fleck leise knurrend anklatscht.« In den von Sonnenstrahlen »brühwarmen« Ostseesand streckte Kerr alle Viere aus, zählte in den Dörfern die Storchennester, ergötzte sich an den Weiden, die in ihrem schiefen Wuchs, mal nach außen, mal nach innen, durcheinander zu torkeln scheinen, so dass manche Wege »einen besoffenen Eindruck« machten. In Niehagen und Althagen sieht man viele solcher Weiden, einzeln wie in langen Reihen, beispielsweise in der Gegend um den Malergarten herum und auf Schritt und Tritt am Bodden. Die »ruhige Pracht« genießend, entzückte sich Kerr an »viel blauen Kornblumen und blutrotem Mohn«, sprach vom Glück für die Seele, »wenn sie nicht weit von einem lichten Meer und einer grünen Waldung« stehen. Neben dem *Kunstmuseum* am Weg zum Hohen Ufer in Ahrenshoop leuchten im Frühsommer wie auf einem impressionistischen Gemälde Kornblumen und Mohn, Wiesenschaumkraut und Sumpfdotterblumen … keine fünfzehn Gehminuten entfernt liegt die Ostsee… Auch damals schon war das so.

Dass sich Alfred Kerr in Graal und Müritz aufhielt, ist verbrieft. Ob er auf seiner Darßtour in Ahrenshoop übernachtete, verraten seine Reisenotizen nicht, zumal er genaue Ortsbezeichnungen in der Regel vermied. Den Quallen kann es gleich gewesen sein, an welchem Strand sie ihren Verehrer betörten. Oder hält die Schöpfung Graaler und Müritzer Quallen bereit? In seiner Sammlung *Die Welt im Licht* (1920) protokolliert Alfred Kerr, seinem typischen Stil gemäß in Blöcken mit römischen Zahlen, was ihm am Flutsaum der mecklenburgischen Ostsee mit den Medusen der Meere Reizendes widerfuhr: »Der Wind flattert in halb träger Gangart von Dänemark, der Himmel ist lichtblau«, so begann der verheißungsvolle Moment einschließlich Vorspiel von I bis IV, Kerr blinzelte über die gekräuselte Meeresoberfläche, »ob ein Wassermann (lieber eine Wasserfrau) in der Richtung von Norden her auftaucht. Nichts«.

V
- - Man sitzt in der Flut wie in einer Badewanne. Doch, da kommt was an. Wunderbare Schale von Kristall mit veilchenfarbenem Inhalt. Ist ein Schiff untergegangen, ein nobles Schiff – und die Geräte, worin man sich nach Tisch die Finger abspült, um dann den einen etwas feucht an die Lippen zu führen, sind davongeschwommen? Ach nein: eine Qualle. Sechzig Quallen, hundert, anderthalb hundert kommen in fast einer Reihe ran, vom aufsteigenden Wind gelenkt. Noch nicht in dem trüben Zustand, wie sie manchmal halb zerfetzt am Ufer liegen, vom Gestein zerrissen, von Kieseln zerbeult, gevierteilt. Nein, in ursprünglicher Herrlichkeit, im hohen Glanze des Meeresdaseins.-

VI
Soviel man packen kann, wirft man wieder zurück in die Flut, oder man trägt sie hinein an tiefe Stellen, – damit sie nicht, an den Strand geworfen, verdursten, verkümmern, ersticken... Mit etlichen macht man sogenannte Intelligenzversuche; setzt sie ins Wasser an eine klare Stelle, lässt sie schwimmen, stellt ihrer Schwimmrichtung dann eine Hand entgegen. Weicht sie aus, die Qualle, so ist sie intelligent. Schwimmt sie auf die Hand los bis zur Berührung, so ist sie doof...

VII
Alle sind intelligent; weichen aus.

George Grosz, der Alfred Kerr aus Berlin kannte, hätte seine wahre Wonne an dem Versuch gehabt. Der Maler, Grafiker, Sandburgenbauer und Borkenbootschnitzer reiste im August 1930 nach Ahrenshoop, zusammen mit Ehefrau »Evan«, Söhnchen »Pedropips«, dem halbjährigen Martin sowie Schwiegermutter, respektive Oma. Auch Wieland Herzfelde, sein Freund, politischer Kampfgefährte und Chef des Berliner Malik-Verlags, in dem Grosz mehrere Mappen mit zornigen Zeichnungen und Lithographien wie *Gott mit uns* (1920) oder *Das Gesicht der herrschenden Klasse* (1921) publiziert hatte, war mit von der Partie. In einem Brief an Schwager »Ottche«, Otto Schmalhausen, der mit Evas Schwester Lotte, genannt »Ettol«, verheiratet war, berichtete Grosz, Spitzname »Böff«, aus Ahrenshoop:

Herrliches einfaches Leben...man empfindet wieder den Sand unter den Füßen und auf dem Rücken der Hand das endlose Wehen des strengen Windes. Gleich am ersten Tag zieht man sich »menschlich« an, vergnügt lässt man die modischen Häute nebst lächerlicher Filzhüte abgelegt hinter sich...man häutet sich (buchstäblich) nicht nur vom Sonnenbrande wie die Schlange im Hochsommer. (...) Mit einem alten genügend großen Schützengrabenspaten führe ich einen aufregenden Kampf gegen die Wucht der Wellen, die immer wieder den tags zuvor geschippten Burgwall wegschwemmen. Sinnlos...aber gegen meine acht Pfund zuviel das Richtige.

Für George Grosz wurde der pommersche Strand zur Seelenlandschaft, nachdem seine Eltern mit ihm als fünfjährigen Steppke 1898 von Berlin nach Stolp umgesiedelt waren. Früh entwickelte er an der Ostsee ein Gespür für »scheinbar kleine Dinge« wie Gräser und Halme und große Wunder wie die »vom ewigen Winde bewegten Sandmassen der Dünen«. Ab 1912 studierte Grosz in Berlin an der »Unterrichtsanstalt des Kunstgewerbemuseums« bei Emil Orlik, dem böhmischen Maler,

George Grosz, 1930

Grafiker, Zeichner, herausragenden Plakatkünstler und Bühnenbildner. Als freiwilliger Infanterist meldete sich Grosz wie viele junge Künstler seiner Generation, darunter auch sein Freund Otto Dix (mit dem er Jahre später Sommertage auf dem Darß verbringt), im Herbst 1914 an die Front. Die Illusion einer Befreiung von bürgerlicher Enge und »Reinigung« von der verlogenen Welt wich indes rasch einer Realität infernalischen Grauens. Nervlich zerrissen, kehrte Grosz bereits im Mai 1915 als »dienstuntauglich« nach Berlin zurück. Else Lasker-Schüler, die Lyrikerin der expressionistischen Avantgarde, fand 1916 Verse für *George Grosz*, beginnend mit den Zeilen: »Manchmal spielen bunte Tränen / In seinen äschernen Augen. / Aber immer begegnen ihm Totenwagen / Die verscheuchen seine Libellen…«

Eine erneute Einberufung 1917 endete schon nach wenigen Monaten mit der Einlieferung in eine Nervenheilanstalt. Aus einem Lazarett schrieb Grosz zuvor noch an Otto Schmalhausen: »Dunkel ist um mich alles, und beinschwarz flattern die Stunden fort … durchschreite die blanke Hölle…« Zu diesem Zeitpunkt hieß der Berliner Gastwirtssohn Georg Ehrenfried Groß bereits George Grosz – aus Abscheu vor dem preußischen Militarismus und Größenwahn wollte er keinen deutschen Namen mehr tragen, entschied er sich für eine amerikanisch klingende Version, träumend vom Land der vermeintlich unbegrenzten Möglichkeiten. Auch sein Freund Helmut Herzfelde (eigentlich Herzfeld), der Bruder von Wieland, legte seinen deutschen Namen ab, zugunsten von John Heartfield. 1918 reiste George Grosz mit Eva an die Ostsee ins einsame stille Zingst, um seine Nervenkrankheit auszukurieren. 1921 fiel die Wahl auf Hiddensee, 1924 reisten sie nach Sohrenbohm, 1926 nach Leba. Und 1930 also nach Ahrenshoop. Seit etlichen Jahren geriet Grosz mit seiner Kunst in die Fänge der Justiz, wurden ihm Strafen wegen »Beleidigungen« beispielsweise der Reichswehr aufgebrummt, oft Seite an Seite mit Herzfelde und Heartfield. In vierter Instanz stand im Herbst 1930 ein Prozess wegen »Gotteslästerung« vor dem Berliner Landgericht an. Stein des Anstoßes: *Maul halten und weiter dienen* (1927). Unter diesem Titel hatte George Grosz aus mehreren hundert Zeichnungen einen Trickfilm produziert, der als

Hintergrundprojektion auf der Bühne des Theaterstückes *Abenteuer des braven Soldaten Schwejk* lief, inszeniert von Erwin Piscator und Bertolt Brecht.

Ahrenshoop bot erholsamen Abstand vom Moloch Berlin und dem lästigen »Zivilisations=schnick=schnack«, wie George Grosz Schmalhausen mitteilte. Von den »litterarischen Klicken« unter den Badegästen hielt er sich fern. Endlich »ausspannen« und »vollkommen faulenzen«, sei schließlich der Sinn der Ostseereise, statt sich »dasselbe Gewäsch« wie an der Spree anzuhören. »Dazu sind wir weiß Gott nicht hier.« In der Sommersaison 1930 verzeichnete Ahrenshoop über zweitausend Gäste. Die durchschnittliche Verweildauer betrug runde zweieinhalb Wochen. Grosz hatte für sich und seine muntere Bande über sechs Wochen gebucht, und zwar im *Kunstkaten*, der nach seinem Verkauf 1920 an Feriengäste vermietet wurde. Und so lief ein Groszscher Sommerfrischetag ab:

Früh erhebt man sich gegen 8 Uhr. Badeanzug. Für mich nur Hose ... runter an den Strand ... es sind nur zwo Minuten. Rein in die Fluten, den Körper eingetunkt ... dann ich, kleiner Dauerlauf den noch leeren Strand entlang ... nach Hause ... blaue Baumwollhose und Athletiktrikot an ... an den Frühstückstisch. Da sind schon frische Schrippen, Wurst und garantierter Bienenhonig ... Zigarette und Klo, denn die Verdauung ist prima! (...) Oma strickt im Strandkorb, der höchst komfortabel verstellbar, jeweils nach Wind und Sonne gestellt wird. Man kann seine Rückwand nach Temperament zurückklappen ... fein. Gegen Mittag kommt dann Eva nochmals mit mir ins Wasser. (...) Dann geht's alle Mann hoch gegenüber ins »Seezeichen« mittagessen. (...) Dann gleich rüber zu uns, und vor dem Häuschen Kaffee und Zigarette und Pfeife ... Oma legt sich hin. Langsam ist es Nachmittag, und die Räder in Ribnitz geliehen, werden rausgeholt und eine Radtour gemacht ... meist nach Wustrow zu, wo es geradezu klassische mecklenburgische Landschaftspartien gibt. (...) Nach dem Abendbrot vor dem Hause eine kleine Verdauungspause. Inzwischen ist's 9. Nun noch als Abschluss eine Spatze die Dünen entlang oder durchs Dorf. Oder ein halbes

Stündchen im Strandkorb mit Sicht auf das ganz japanisch gewordene Meer.

Auf den Strandburgen am Ahrenshooper Strand flatterten wie in allen deutschen Seebädern Fahnen und Wimpel, die die politische Gesinnung ihrer Insassen zur Schau trugen: kaisertreu in Schwarz-Weiß-Rot, republikanisch in Schwarz-Rot-Gold, immer häufiger mit Hakenkreuz. Grosz und Herzfelde machten sich in alter Dada-Manier einen Jux daraus, ihre Strandburg mit angespültem Krimskrams als »Dada-Burg« zu dekorieren, beflaggt mit roter Fahne. Brüder, zur Sonne, zur Freiheit! Manche Strandkorbnachbarn regten sich maßlos auf, gestikulierten lautstark herum, zertrampelten über Nacht die Provokation. Grosz und Herzfelde schaufelten ihr »Kunstwerk« allmorgendlich wieder auf, scherten sich herzlich wenig um das »Spießertum«.

In einem Brief an Mark Neven DuMont, seinen »Teuren Makkaroni!«, der als Kulturjournalist in London tätig war, äußerte sich Grosz über die sprunghafte Zunahme der Nationalsozialisten 1930 bei den Reichstagswahlen. »Was allgemein erwartet wurde. Diktaturgerede geht immer mehr um.« Wie unzählige andere saß er der Täuschung auf, dass die Nazis nicht »allzu weit« kommen würden... 1933 emigrierte George Grosz in die USA, Else Lasker-Schüler flüchtete über Zürich nach Palästina, Alfred Kerr 1935 nach Großbritannien, nachdem ihn die Nazis ebenso wie Kurt Tucholsky auf ihre erste Ausbürgerungsliste gesetzt hatten.

Gern hätte sich George Grosz in Ahrenshoop eine feste Bleibe angeschafft. Stundenlang lief er mit einem von Eva genähten Beutel für Proviant, Skizzenblock und Malzeug am Flutsaum entlang. »Da liegen herdenweise die Steine, schön bunt, wenn die See darüber hinfährt matt, wenn die Sonne sie grau macht. Honiggelber Tang ist ausgeworfen...« Muscheln machten sich an der Ostsee (im Unterschied zur Nordsee) schon immer eher rar, was mit dem geringen Salzgehalt des Wassers zu tun hat. Rund fünfzehn Gramm pro Liter finden sich in der Ostsee (gegenüber fünfunddreißig Gramm in der Nordsee) der Lübecker Bucht. Bei Warnemünde sind es nur noch zehn Gramm. Richtung Hiddensee weiter ins Baltische Meer nimmt der Salzgehalt immer stärker ab, bis im Finnischen Meerbusen fast gar kein Salz mehr in der Ostsee vorhanden ist. Gleichwohl entdeckte Grosz genügend Herzmuscheln und Plattmuscheln zum Schmücken der Burgen und zum Spaß der Kinder fur ein Muschelschloss. »Das Meer ist ja, hols der Deibel immer schön ... und die mir von mir selbst verordnete eine Stunde Sandschippen verscheucht meine Grillen...«

VON ALBERT EINSTEIN BIS ZU HEIMLICHEN TREFFEN DER »ROTEN KAPELLE«

»Die Friedenstaube zeigt die Windrichtung an«

Schnell ist man vorbei gegangen, hat man den Hinweis übersehen, auf dem zu lesen steht, dass hier Albert Einstein als Sommergast gewohnt hat – 1918, im letzten Weltkriegsjahr. Das gelb getünchte *Alte Zollhaus* in der Dorfstraße 6 schräg gegenüber vom *Baltischen Hof* ist die rechte Hälfte eines Doppelkatens (die linke war ehemals das Salzhaus) und liegt etliche Meter zurückgesetzt im Garten hinter Hecke und Zaun. Mit seiner Cousine Elsa, seiner späteren zweiten Ehefrau, mietete sich Einstein für acht Wochen bei der Zollhaus-Wirtin Frieda Niemann ein und fühlte sich schon nach wenigen Tagen »prächtig«, so eine kurze Notiz an Michele Angelo Besso, Einsteins engen Freund und ehemaligen Kollegen vom Berner Patentamt in der Schweiz. Das einfache Quartier, das im Zeichen des Krieges fast menschenleere Dorf, der nahe gelegene Strand – das alles war »wie geschaffen für einen von meiner Sorte«. Kräfte zehrende Monate waren vorausgegangen: Ein Magengeschwür hatte Albert Einstein monatelang ans Bett gefesselt, zudem befiel ihn eine Gelbsucht. Die drei Jahre ältere Elsa, zu der er sich schon als Junge hingezogen fühlte, kümmerte sich um ihn, »kocht mir unverdrossen mein Hühnerfutter«, passte auf, dass er sich schonte, woraufhin sich sein Gesundheitszustand merklich besserte. Trotzdem war Einstein weiterhin auf Pflege angewiesen, »da bei dem geringsten Anlass der Bauch revolutioniert«, wie er einem anderen Freund, dem österreichischen Physiker Paul Ehrenfest, Professor an der Universität Leiden in Holland, schrieb. Mit Mileva Maric, seiner ersten Frau und Mutter der gemeinsamen zwei Söhne, Hans-Albert und Eduard, siedelte Albert Einstein im April 1914 nach Berlin, dem weltweiten Zentrum für naturwissenschaftliche Forschungen. Mileva und Albert kannten sich vom Studium aus Zürich, waren Kommilitonen an der Eidgenössischen Technischen

Hochschule (ETH), flirteten an den Ufern der Limmat, verliebten sich, fachsimpelten über Physik. 1903 heirateten sie. Nach seiner ersten Berufsstation am Berner Patentamt, wo Einstein in aller Stille seine Relativitätstheorie erfand, badete er schon bald im Ruhm. Jeder wollte daran teilhaben. Besonders in Berlin. Flugs war das Wörtchen »relativ« in aller Munde, nistete es sich in den Berliner Sprachschatz ein, von der KaDeWe-Verkäuferin bis zum Chefarzt an der Charité. Was auch passierte: Alles hatte ab sofort nur noch unter bestimmten Bedingungen Gültigkeit, war von Fall zu Fall verschieden – eben relativ.

Einsteins Ehe hielt dem Trubel um ihn, das »Jahrhundertgenie«, nicht stand, zerbrach. Bereits im Sommer 1914 kehrte Mileva nach Zürich zurück, die Söhne nahm sie mit. Dunkle Schatten hatten sich auf ihr Gemüt gelegt. Unterdessen zog sich Einstein in seinen geistigen Kosmos zurück, publizierte wie ein Wahnsinniger, ertrank in Anfragen und Angeboten für Gastprofessuren. 1917 wurde er Direktor des Berliner Kaiser-Wilhelm-Instituts für Physik. Der Verlust seiner Familie hatte ihm schwer zugesetzt. Zugleich steigerten sich die Schreckensnachrichten von der Front, was für den überzeugten Pazifisten unerträglich war. Gefühle der Bewusstlosigkeit und einer diffusen inneren Vernichtung betäubte Albert Einstein mit immer härterer Arbeit. Schließlich erkrankte er lebensbedrohend, wäre da nicht Elsa aufgetaucht…

Die Sommerreise 1918 nach Ahrenshoop war als Genesungsaufenthalt gedacht. Und das klappte ausgezeichnet. Konnte sich doch der Neununddreißigjährige hier bewegen, wie es seinem Naturell entsprach: unbehelligt, bequem gekleidet und am liebsten in Sandalen. Auch seine Geige hatte er eingepackt. Best gelaunt zwitscherte er an seinen Physikerfreund Max Born, Professor an der Berliner Friedrich-Wilhelm-Universität: »Hier ist es wundervoll, kein Telephon, keine Verpflichtung, absolute Ruhe. Ich kann es gar nicht mehr begreifen, wie man es in der großen Stadt aushält. Das Wetter ist nun auch wundervoll. Ich liege am Gestade wie ein Krokodil, lasse mich von der Sonne braten, sehe nie eine Zeitung und pfeife auf die sogenannte Welt.«

Die verwitwete Elsa Löwenthal, geborene Einstein, hatte nicht den Ehrgeiz, in die Geheimnisse von Raum und Zeit einzudringen und mit Albert über Formeln zu debattieren. Ihr lag vielmehr am Herzen, dass er sich mit ihren zwei Töchtern, Ilse und Margot, gut verstand. Und das tat er. »Der kleine Harem frisst und gedeiht prächtig«, freute sich Einstein auf einer Postkarte an Born. Gegen Ende der Ferien, als ihn Gewissensbisse überkamen, sich aus Ahrenshoop zu selten gemeldet zu haben, rückte er zurecht: »Was soll aber auch ein Kerl schreiben, der den ganzen Tag auf der faulen Haut liegt…?«

Ahrenshoop wirkte im Sommer 1918 wie ausgestorben. Umso stärker traten die Naturschönheiten zwischen Meer und Bodden hervor. Zum Schutz gegen Sturm und Wind sowie aufwirbelnden Dünensand hatte jede Familie 1886 zwei Pappeln an der Dorfstraße gepflanzt. »Es war die schönste Dorfstraße der Welt!«, las Marianne Clemens 2013 mit hundert Jahren aus ihrem Buch *Unruhige Zeiten in unserem Land* (2005) im überfüllten *Charlottenhof* vor: »Die Dorfstraße hatte zwei Streifen: einen Rasenstreifen für die Kühe und einen Sandstreifen für den Verkehr, der damals ja fast nur aus Radfahrern und Pferdewagen bestand.« Marianne Clemens könnte Albert Einstein als Mädchen auf der Dorfstraße begegnet sein. Oder ihn am Brunnen gesehen haben, auf dessen Rand er oft selbstvergessen Pfeife rauchend saß. Denn auf der Höhe des Brunnen lag das Sommerhaus ihres Großvaters Otto Kaysel. Als erster »Forense«, der kein Künstler, sondern Rechtsanwalt und Notar war, hatte der Ludwigsluster jenes Haus 1896 in der Dorfstraße 14 gekauft und aus purem Spaß mit Veranda, Balkon und einer Innentreppe, die in ein Türmchen hoch führte, nach und nach erweitert und ausgebaut. Der Garten war mit Gänseblümchen, Löwenzahn und Seifenkraut übersät, »im Gestrüpp blühte eine Kaiserkrone«, vom Misthaufen aus spazierten Ringelblumen fröhlich über das ganze Grundstück. Kaysels Tochter Ottilie, genannt Otty, die Mutter von Marianne Clemens und Malschülerin von Paul Müller-Kaempff, pflegte das eigenwillige Erbstück. Als *Otty-Kaysel-Haus* ist es heute ein gefragtes Ferienquartier. Alle ihre Sommerferien verbrachte die Familie bis zum Ende der zwanziger Jahre in Ahrenshoop. Vor der Haustür auf der einen Seite Dünen, Strand und

Die Dorfstraße

Ostsee, auf der anderen die Dorfstraße. »Wir liebten sie, wenn die hohen Bäume im Frühling ihre hellrötlichen, im Sommer ihre graugrünen und im Herbst ihre goldenen Blätter hatten, wenn sie im leisen Wind klapperten oder im Sturm rauschten, wenn der Nebel sie zu gespenstischen Schemen werden ließ, der Regen hörbar von ihnen heruntertropfte, oder wenn weißer Schnee seine tiefe Stille über sie legte.«

1920, auf dem Höhepunkt des »Relativitätsrummels«, so Einsteins Biograph Friedrich Herneck, ehemals Historiker an der Berliner Humboldt-Universität, reisten Albert und Elsa abermals nach Ahrenshoop. Ein Jahr zuvor war die Ehe mit Mileva geschieden worden, gaben sich Albert und Elsa ihr Jawort. Die stolze »Frau Professor« bekam im Laufe der nächsten Jahre attraktive Konkurrenz. Einstein wirkte auf die Damenwelt wie ein »Magnet auf Eisenpulver«, und es störte ihn keineswegs. An der Ostsee war davon aber wohl nichts zu spüren, zumal der Nobelpreisträger in spe vor allem Augen für die Landschaft hatte. »Ihr Einstein, der in herrlicher Natur hier eine beneidenswerte Existenz führt«, so ein Gruß an Michele Angelo Besso.

Häufig weilte damals Lely Kempin in Ahrenshoop, deren Name heute verblasst und vergessen ist. In ihrem Büchlein *Die Heilige Insel* (1917) erzählt die Schriftstellerin und Fotografin, die ein Jahr älter als Einstein war und aus Altona stammte, vom Moor hinter den Boddenwiesen mit dem Tausendgüldenkraut, welches seine »mit Tau gefüllten, hauchfeinen Porzellantässchen« emporhob, von Büscheln aus Federnelken voll würzigem Duft und blauen Wicken, die weite Flächen überwucherten. »Gelber Klappertopf raschelte am Wege, und braune und rötliche Gräser, schleierfein, mit fliegenden Seidenhaaren, flederwischartig, mit Fuchsschwänzen und borstigen Haarschöpfen schwankten und wogten darüber in der leise gehenden Luft. Hinten aber, wo Meer und Bodden im Dunst zusammenflossen und das schimmernde Wollgras blühte, saß die Nebelfrau und spann weiße Seide.«

Albert Einstein wohnte in seinem zweiten Sommer in Althagen bei Bauer Friedrich Niemann, Hufe 10, dessen Anwesen es bis heute gibt. Im Dorf lief der Eigenbrödler, von Elsa »Einspänner« getauft, meist barfuß umher, niemand sprach ihn an, was ihm sehr behagte, da er sich vor Autogrammjägern und Bedrängnissen sonstiger Art normalerweise kaum bergen konnte. Einstein lehnte jeden »Personenkultus« ab, bevorzugte alles Spartanische, schleppte seine Schuhe, auch wenn sie nicht mehr wasserdicht waren, bis sie auseinander fielen. Gern aß er Fisch. Ob er sich an den Ahrenshooper Strand schlich, wenn die Fischer frühmorgens mit ihren Booten anlandeten und ihre fangfrischen Schollen verkauften? Überliefert ist darüber nichts, bekannt hingegen, dass Einsteins Leidenschaft das Segeln war – ohne Schwimmwesten an Bord, obwohl er nicht schwimmen konnte, Vorschriften waren ihm wurst. Bis 1928 segelte er einige Male mit seinen beiden Söhnen auf der Ostsee – mit Stationen in Wustrow, auf Hiddensee oder auch in der Kieler Bucht in Scharbeutz. Einstein litt unter der örtlichen Trennung von Hans-Albert und Eduard, pflegte aber über all die Jahre mit ihnen herzlichen Kontakt und übereignete ihnen die gesamte Geldsumme, die mit seinem Nobelpreis 1921 verbunden war. »Wir sind schon monatelang an der Ostsee«, hieß es auf einer Postkarte an seinen verehrten Paul Ehrenfest: »Dabei habe ich erst gesehen, was für ein blödsinniges Dasein man in der Stadt führt, und wie glücklich man in der stillen Abgeschiedenheit sein kann. Auch für das Denken ist es herrlich.«

Der Fremdenverkehr lief in Ahrenshoop nach dem Sturz des Kaiserreichs nur zögerlich an. Die Welt von gestern war versunken, der Staat nach den Materialschlachten des Krieges bankrott, Ersparnisse schmolzen über Nacht auf Null, die Inflation trieb die Preise in astronomische Höhen. Kostete ein Ei im Frühsommer 1923 noch 800 Mark, musste man dafür im Herbst 320 Milliarden zahlen. Angesichts dieser Situation konnte sich kaum jemand eine Ferienreise leisten. Eine Stabilisierung zeichnete sich erst nach dem wirtschaftlichen Aufschwung 1924 ab, der die Goldenen Zwanziger einläutete. Die Ära der Ahrenshooper Künstlerkolonie war vorbei: Paul Müller-Kaempff hatte seine Zelte abgebrochen, sein Malerhaus 1921 aus finanzieller

Not verkauft. Aus dem gleichem Grunde trennte sich Friedrich Grebe 1923 von seinem Haus. Theobald Schorn, Eva von Pannewitz, Henriette von Choffel und die drei Gerresheim-Schwestern lebten nicht mehr. Fritz Wachenhusen, der nach Schwerin zurückgekehrt war, wo er 1925 starb, veräußerte 1920 das *Dünenhaus* und seine Villa am Schifferberg. Letztere erwarb Peter E. Erichson, seit 1907 Inhaber des Rostocker Hinstorff-Verlags. Ihn besuchen wir auf unserem übernächsten Streifzug.

Neue Gäste bevölkerten Ahrenshoop: UFA-Filmstars, Sänger, Komponisten, Rundfunkredakteure, Kameramänner, Toningenieure, Intendanten und Licht-Luft-Sonne-Enthusiasten wie die Gymnastikschülerinnen, genannt »Hüppers«, von Dora Menzler aus Wustrow. Die im ostfriesischen Jever geborene Turnlehrerin eröffnete 1908 in Leipzig die erste deutsche Gymnastikschule für Frauen, womit sie als Pionierin auf diesem Gebiet in die Sportgeschichte einging. 1920 leistete sie sich in Wustrow in der Norderstraße 9 ein Rohrdachhaus. Als besondere Sehenswürdigkeit gehört es zum Kulturpfad der »Kulturinitiative Fischland«, der seit einigen Jahren, markiert mit blauen Steinen, durch Wustrow führt. Hier, unweit vom Strand, bot Dora Menzler Sommerferienkurse für »Gestaltende Bewegung« an. Neben Anatomie, Physiologie, Atemschulung und dem Fach »Gehen« übten die Schülerinnen Weitsprünge, Spagatsprünge, Rumpfbeugen, Rückbeugen und Oberkörperspiralen, trainierten sie Schwungschritte, Ausfallschritte und allerlei Verrenkungen mehr – splitternackt unter freiem Himmel an der Ostsee. Noch heute erinnern sich alte Wustrower an die energische Pädagogin, deren Kursstunden am Strand viele Schaulustige anzogen. Sie wurde nicht müde, zu betonen: »Schmachtende Frauen am Meeresstrand, zum Schiff sich bückende Wassernixen, nach Früchten greifende Evastöchter, wie man sie auf sogenannten Schönheitsbildern sieht, haben nichts mit gesunder, ernster, ja herber Körperkultur zu tun.«

Mit unternehmerischer Risikofreude gründete Martha Wegscheider, Ehefrau von Max Wegscheider, dem Bruder der 1918 gestorbenen Käthe Wegscheider, zusammen mit dem Maler und

Grafiker Hans Brass, einem Freund der Berliner Familie, 1922 die *Bunte Stube* – bis heute das Wahrzeichen von Ahrenshoop. Hier gab es (fast) alles, was vorher im Dorf nirgendwo zu kriegen war: Knöpfe, Nähgarn, Schnürsenkel, Strandspielzeug, Süßigkeiten, Tabakwaren, Zeitschriften, Bücher aus dem Ullstein-Verlag und nicht zuletzt China-Porzellan. Nach einem Entwurf des Rostocker Architekten Walter Butzek erhielt die *Bunte Stube* 1929 jenen Flachbau mit dem Säulengang und runden hutlosen Turm, wie er noch heute an der Ecke Dorfstraße/Strandstraße mit dem originalen Schriftzug über dem Eingang in Ostseeblau sofort auffällt. Im Dorf schüttelte man über den Bauhausstil den Kopf, schimpfte man die Novität »Gasanstalt«. Martha Wegscheider, genannt »Molly«, die mit Lely Kempin befreundet war und häufig Besuch von ihr bekam, schmiss den Betrieb mit Geschick und Charme. 1931 richtete sie eine Schneiderwerkstatt für Strand- und Bademoden im Geschäft ein. Ihre Modelle fanden reißenden Absatz. Regelrechte »Events« waren die Modenschauen mit ausgeliehenen Gymnastikschülerinnen von Dora Menzler als Mannequins. »Molly« hatte nicht nur eine Ader dafür, was den Geschmack des Ahrenshooper Publikums betraf, schreibt Marianne Clemens: »Sie konnte die Menschen fesseln. Sie gab jedem – besonders den Männern – das Gefühl, verstanden und gemocht zu werden. Man meldete sich möglichst sofort am Ankunftstag bei ihr an und verabschiedete sich selbstverständlich vor der Abreise. Sie wusste alles von allen, vielleicht manchmal mehr als der Betroffene selbst. Sie verbreitete Gerüchte, sie machte dunkle Andeutungen, ließ niemanden ungeschoren.«

Prominentester Gast im Dorf war 1930 Gerhart Hauptmann. Auf Hiddensee hatte er sich gerade das *Haus Seedorn* gekauft, was aber für Sonderwünsche des Hausherrn noch im Umbau war. Zur Überbrückung logierte er für einige Wochen in Ahrenshoop am Ende der Dorfstraße im *Haus Sonnenfrieden*, einer Villa im Grunewaldstil, heute ebenfalls ein Ferienquartier. Hauptmann arbeitete an der Fertigstellung seiner Erzählung *Die Spitzhacke* (1931), fühlte sich im Dorf nicht sonderlich wohl. Erwartete er doch, dass man ihm den Hof machte, wie er es von Hiddensee gewohnt war. So bestand er darauf, auf den Dampfern der »Weißen Flotte« grundsätzlich ohne Fußvolk zu fahren. Viele Insulaner fanden den Dichter daher arrogant. Ahrenshoop begrüßte Hauptmanns Besuch selbstverständlich, machte aber kein Tamtam, woraufhin der Literaturnobelpreisträger von einer »intriganten Badegesellschaft« sprach. Allüren rote Teppiche auszurollen, war nicht üblich im Ort. In diesem Verständnis präsentierte sich auch der Prospekt *Gesundheit und Frohsinn im Ostseebad Ahrenshoop* (1932):

Wir überreden Sie nicht, nach Ahrenshoop zu kommen, wir geben nur unsere Karte ab, auf der wir unser Konterfei zeigen, gefällt es Ihnen? – Vielleicht erwarten Sie Tanzbars, Luxus, elegantes Leben, Klamauk, dann kommen Sie nicht zu uns, wir würden Sie enttäuschen. Ahrenshoop ist einfach. Sie finden weder mondänes Leben noch billiges Radaupublikum, dagegen viele Wissenschaftler, höhere Beamte (...) Wie die sturmgepeitschten Bäume, die Sie auf der Titelseite sehen, trotz Sturm knorrig gewachsen, so reckt heute das junge Ahrenshoop seine Glieder. Es fehlt an Geld, aber deshalb sind wir nicht arm. Mit Lichtnetz und gepflastertem Bürgersteig haben wir angefangen. Jetzt haben wir einen Lesesaal eingerichtet für unsere Gäste, davor eine kleine Anlage. Alles soll noch schöner und besser werden; man muss uns Zeit lassen. – Die Badeanstalt haben wir entfernt, da sie nicht mehr den neuzeitlichen Ansichten vom Freibaden entsprach; jetzt baden Sie vom Strandkorbe aus. Auskleideräume, die jedes Strandbild verschandeln, sind nicht mehr nötig, denn Sie können ungezwungen im Bade-Dreß zum Strande gehen. Ueberhaupt: Zwanglosigkeit und Toleranz sind unsere sorgfältig gehüteten Eigenschaften, was sich auch auf die Politik bezieht. Wer seine Gesinnung durch Zerstörung fremden Eigentums dokumentieren muss, passt nicht zu uns, er bleibe fern... Wollen Sie zu uns kommen? Dann sind Sie uns herzlich willkommen.

Schon ein Jahr später war es mit dem »Frohsinn« vorbei, jedenfalls für jene, die der Zukunft unter den neuen Machthabern mit Furcht entgegensahen. 1933 wurde die Ahrenshooper Dorfstraße in Adolf-Hitler-Straße umbenannt. Nazi-Urlauber kreuzten auf,

allerdings keine Kraft-durch-Freude-Massen, KdF-Bäder waren Wustrow, Prerow und Zingst. Chroniken suggerieren, dass die Gleichschaltung in Ahrenshoop vergleichsweise harmlos ausfiel. Trotzdem waren auch in Ahrenshoop »Juden unerwünscht!« Zugleich suchten Verfolgte im Dorf Unterschlupf – zum Beispiel Rudolf Ziel, der Vater von Marianne Clemens. Als »jüdisch versippt«, hatten ihn die Nazis aus seinem Amt als Reichsgerichtspräsident in Chemnitz suspendiert. Nach sorgenvollen Wochen in »Schutzhaft« kam der Jurist überraschend frei, richtete er sich mit Otty im großväterlichen Sommerhaus in Ahrenshoop ein. Wie hoffnungsfroh hatte alles angefangen, als sie 1910 hier an der Ostsee ihre Hochzeit feierten! »Alle Künstler der Künstlerkolonie nahmen teil. Sie hatten die Menükarte gezeichnet, sie hatten mit Hilfe der Dorfkinder Waschwannen voller Sumpfdotterblumen gepflückt und damit die Kirche in Wustrow und den ›Balti-

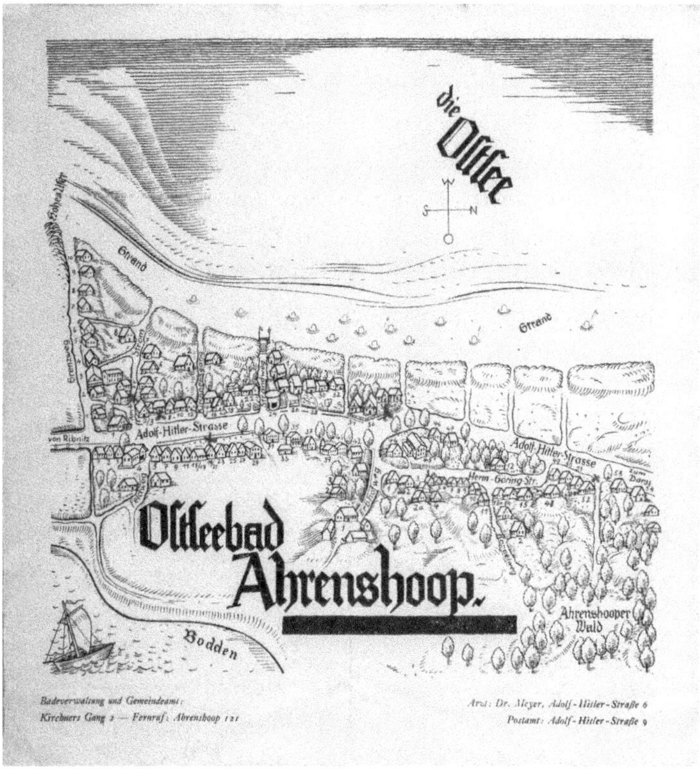

schen Hof‹ in Ahrenshoop, in dem gefeiert wurde, geschmückt. Sie hatten gesungen und getanzt, Reden gehalten und gedichtet, und wirklich das ganze Dorf hatte teilgenommen«, schwärmt Marianne Clemens in ihrem Buch. Auch sie heiratete in Ahrenshoop, wohnte mit ihrem Mann, Walter Clemens, auch er Jurist, aber in Hamburg. Allzu gern hätte sie Italienisch und Kunstgeschichte studiert. Der Wunsch blieb ihr, weil sie eine jüdische Großmutter hatte, durch die Nazis verwehrt. Oft besuchte Marianne Clemens ihre Eltern im *Kaysel-Haus*. Dabei schaute sie auch in der *Bunten Stube* vorbei, machte doch »Molly« keinen Hehl daraus, eine Gegnerin des Regimes zu sein. Mit ihr konnte man sich austauschen und Kümmernisse teilen. »In Ahrenshoop gab es einen verschworenen Kreis: einige aufrechte Dorfleute, viele Frauen mit Kindern in den Sommerhäusern, einige Männer, die sich hierher zurückziehen konnten wie Universitätsprofessoren oder Künstler, und auch solche, die nirgends mehr gemeldet waren, die sich versteckten, verstecken mussten. Man fragte damals möglichst wenig, man nahm stillschweigend hin, man roch, wem man vertrauen konnte, man spürte, wen man durchfüttern oder unterbringen musste…«

Wohl diese Atmosphäre mag dazu beigetragen haben, dass einige Mitglieder der reichsweit agierenden Widerstandsgruppe »Rote Kapelle« ab 1938 zu ihren Pfingstreffen in Ahrenshoop zusammenkamen. »Wir fuhren übrigens immer in drei Autos, selbst noch 1942, zu einer Zeit, als andere ihre Wagen schon nicht mehr benutzen durften«, schildert die Ärztin Elfriede Paul das heimliche Unterfangen, das sie von ihrer Berliner Praxis aus maßgeblich mitorganisiert hatte, in ihrem Buch *Ein Sprechzimmer der Roten Kapelle* (1981). »Jedem Freund vermittelte unsere Runde den Eindruck zwangloser Geselligkeit«. Das musste sein, um die illegale Arbeit nicht zu gefährden. Denn diese ging weit darüber hinaus, die politische Lage zu analysieren und Freunde, Bekannte oder Nachbarn darüber aufzuklären.

Wichtige Materialien, die Harro aus seiner Dienststelle, dem Reichsluftfahrtministerium, mitbrachte, wurden für Flugblätter und andere Informationen ausgewertet. Walter entwarf gemeinsam mit Harro und Kurt die Texte. Elisabeth, die seit 1930 bereits mit Harro bekannt war und 1934 Kurt Schumacher heiratete, war Grafikerin und Fotografin… Nächtelang fotokopierte sie Bilder aus dem Spanienkrieg, verkleinerte Texte, auch Gedichte von Walter, manchmal bis zur Größe einer Briefmarke. Es waren Karten aus militärischen Fachzeitschriften zu kopieren, um die Bewegung der Fronten zu zeigen, und sie vervielfältigte streng vertrauliche Materialien über Anzahl von Waffen, Panzern und Flugzeugen, sowohl der Volksfront als auch des Gegners, der spanischen, italienischen und deutschen Faschisten.

Harro war der Pilot und Luftwaffenoffizier Harro Schulze-Boysen, der der Gruppe innerhalb der »Roten Kapelle« seinen Namen gab. Walter war der Journalist und Schriftsteller Walter Küchenmeister, Elfriede Pauls große Liebe und Freund. Kurt war der Bildhauer Kurt Schumacher, Elisabeth seine spätere Ehefrau. Auch der Schriftsteller Günther Weisenborn, ehemals Dramaturg an der Berliner Volksbühne, war in Ahrenshoop dabei. Außerdem Harros Ehefrau Libertas, Kosename Libs, sowie der aus Buchenwald 1938 entlassene KZ-Häftling Walter Husemann mit seiner Ehefrau Marta, geborene Wolter, die im Weimarer Filmklassiker *Kuhle Wampe oder: Wem gehört die Welt?* (1931) eine der zwei weiblichen Hauptrollen neben Ernst Busch spielte. Die Stimmung war auf den Darßer Pfingsttreffen nicht immer nur ernst, schreibt Elfriede Paul, es wurde auch gewitzelt, gesungen, gestritten, das schweißte die Gruppe zusammen.

Angenehme Erinnerungen habe ich an das Baden in der Ostsee. Wir, noch fast allein am Strand, badeten nackt. (...) Von uns allen genossen es besonders Libs und Marta, unsere beiden Schönen. Sie wetteiferten stets, wer nach den drei oder vier Tagen gebräunter nach Hause fahre... Günther Weisenborn hat später – auch in Erinnerung an die lebensfrohe, so gern lachende, tanzende, flirtende Libs – formuliert: »Kameradin der Heimlichkeit, Braut der langen Schatten, Genossin der Verborgenen, Freundin der Flüsterer, tapfere Schwester der heimlichen Helden...«

Bis 1942 hielt die Widerstandsgruppe ihre Pfingsttreffen auf dem Darß ab, machten sie Lagerfeuer am Strand, tranken Wein in den Dünen, hofften und hofften. »Keiner von uns ahnte, welche Anstrengungen die Gestapo seit Monaten machte, uns zu greifen.«

Am 22. Dezember 1942 wurden Harro Schulze-Boysen und Kurt Schumacher in Berlin-Plötzensee erhängt, Libertas Schulze-Boysen und Elisabeth Schumacher enthauptet. Wegen Vorbereitung zum Hochverrat zum Tode verurteilt, erlitt Walter Küchenmeister am 13. Mai 1943 das gleiche Schicksal.

Elfriede Paul kam ebenso wie Günther Weisenborn 1945 aus dem Zuchthaus frei. Knapp zwei Jahrzehnte später zog sie nach Ahrenshoop. In ihrer von Apfelrosen umblühten Bleibe am Weg zum Hohen Ufer 1 beschloss Elfriede Paul ihren Lebensabend – geschützt von einer Friedenstaube. »Sie zeigt auf dem Südgiebel die Windrichtung an.«

ZUM RÄTSELHAFTEN VERSCHWINDEN ALFRED PARTIKELS IM AHRENSHOOPER HOLZ

»Und Du, der Du fortgingst...«

Die Kinder im Dorf mochten ihn alle sehr, freuten sich, wenn er in Käthe Miethes Büdnerei kam, wo er ihnen im Sommer 1945 in der provisorisch geschaffenen Schule Malunterricht gegeben hat. Spielerisch und dabei ganz in seinem Element brachte er ihnen nahe, wie man filigrane Stiele und Blätter ähnlich seinem in Sepia getönten Aquarell *Wiesenpflanzen* (1935) mit Tusche auf Papier und Pappe zaubert. Auch an der Königsberger Kunstakademie war er beliebt, seine Studenten verehrten ihn, drängelten sich, mit dabei zu sein, wenn er Ausflüge ans Frische Haff, an die masurischen Seen, ins Weichseltal oder in die Memelniederungen unternahm. Auf Schloss Friedrichstein, dem Stammsitz der Familie von Dönhoff, stellte man dem Kunstprofessor einen Wirtschaftstrakt zur Verfügung, damit er mit seinen Malklassen über mehrere Tage bleiben kann: Alfred Partikel, 1888 im ostpreußischen Goldap am Rande der Rominter Heide geboren.

Auf der Ahrenshooper Kunstauktion, die der *Kunstkaten* alljährlich im August in der *Strandhalle* ausrichtet, sind immer auch Werke von Alfred Partikel zur Versteigerung im Katalog, 2014 war es sein Aquarell *Kurenkahn* (1923), im Jahr davor in Öl auf Holz seine *Ländliche Elegie* (1919) – eine dörfliche Szenerie, von Ruhe und Innehalten geprägt. Partikels Gemälde sind an über neunzig Orten in Europa und in den USA verstreut, unzählige gelten als verschollen. Das erklärt der Kunsthistoriker Rainer Gerckens 1990 in seiner Monographie, die bewegende Einblicke in Leben und Werk Alfred Partikels gewährt, doch leider nur als Dissertation vorliegt.

Der ostpreußische Maler stammte aus dem östlichsten Zipfel des damaligen Deutschen Reichs. Sein Vater, Adolf Partikel, war im Kreisstädtchen Goldap Sekretär im Amtsgericht. Bei einem auswärtigen Termin in Szittkehmen unweit der russischen Grenze lernte er die Gastwirtstochter Auguste Kausch kennen, heiratete sie vom Fleck weg und bekam mit ihr sechs Kinder. Ernst Fritz Adolf Alfred, kurz Alfred, war das dritte nach Stammhalter Hans und Schwester Käthe. Als dem Vater in Pillkallen der Posten des Bürgermeisters angetragen wurde, zog die Familie dorthin. Schon früh spürte Alfred Partikel seine Neigung, sich grafisch und bildhaft auszudrücken, wofür die Eltern wenig Verständnis aufbrachten. Doch stimmten sie schließlich seinem Vorhaben zu, Zeichenlehrer zu werden. Mit sechzehn Jahren verließ er das Gymnasium, das »Einjährige« in der Tasche, meldete er sich zum Studium in der Königsberger Kunstakademie an. Nach Aufenthalten in München und Weimar strandete er in Berlin. Hier lief ihm noch vor dem Ersten Weltkrieg sein lebenslanger Freund über den Weg: Gerhard Marcks, der bildhauerische Autodidakt, ein waschechter Berliner, ein Jahr jünger als er. Durch ihre Ehefrauen, Cousinen aus der Familie Körte, wurden sie verwandt. Doch bevor es dazu kam, tastete sich Alfred Partikel an die Berliner Kunstszene heran, streckte er seine Fühler zu Galeristen aus. Dabei wirkte er »wie ein Stück Wild unter Haustieren«, so Jahre später Gerhard Marcks, obwohl sich Partikel bezüglich Kleidung in keiner Weise von anderen unterschieden hat. »Er war ganz Natur und ein echter Ostpreuße. Seine markige, ob auch nicht hohe Gestalt hatte etwas Vertrauen Einflössendes, und die kraftvoll geschwungenen Züge seines Gesichts mit den blauen Maleraugen bestätigten diesen Eindruck. Wenn Maler, dann Landschaftsmaler – man konnte sich ihn nur einsam in der Natur versunken malend vorstellen.«

Das Leben schlägt manchmal eigentümliche Volten. So trug es sich zu, dass Eduard Plietzsch im selben Haus am Berliner Tiergarten wie Alfred Partikel wohnte, eine Etage unter ihm. George Grosz, Siegfried Jacobsohn und Kurt Tucholsky gingen bei dem berühmten Kunsthändler ein und aus, zu Gott und der Welt unterhielt Plietzsch Beziehungen, auch zu Familie Körte, vor allem zu Oswald Körte und Ehefrau Hedwig, geborene Hammacher, in Grunewald. Von ihrem Haus in der Dorfstraße 42 in Ahrenshoop sprachen wir auf unserem Streifzug vom Kurhaus zum Kunstkaten. Noch nicht aber von Tochter Dorothea, einer Nichte von Martin Körte, von dem ebenfalls schon die Rede war.

Und nun ein kurioser Exkurs, zu dem Rainer Gerckens einlädt: Martin Körtes Ehefrau Käthe war eine Tochter des Berliner Architekten Martin Gropius. Dessen Großneffe Walter Gropius, Begründer des Bauhauses, hatte vor Eduard Plietzsch die Wohnung am Tiergarten bewohnt. Als dieser auszog, überließ er »Ede« sein gesamtes wertvolles Inventar. Über Plietzsch fanden Alfred Partikel und Dorothea Körte zueinander, die wiederum eine Cousine der Ehefrau von Gerhard Marcks war. Und Marcks, das sei hier noch ergänzt, wurde 1919 Lehrer am Staatlichen Bauhaus in Weimar. 1920 heirateten Alfred und Dorothea. Ein Tusch! Ahrenshoop hält reichlich Material zur Ahnenforschung bereit…

Als Mitgift in ihre Ehe erhielt Dorothea Körte das Grundstück in der Dorfstraße 32 in Ahrenshoop gegenüber vom elterlichen Sommerhaus. 1922 wurde Tochter Barbara geboren, 1923 Sohn Adrian. 1925 bezog die Familie hinter den Dünen ihr Rohrdachhaus – eines der schönsten in Ahrenshoop. Das helle Gestein zwischen dem Fachwerk strahlt Sommerfrische aus, die birkengrünen Rahmen der Gauben verbreiten Heiterkeit. Die original erhaltene Eingangstür aus rehbraunem Holz mit getäfeltem Reliefschnitzwerk, auf dem im oberen Teil ein Fisch und ein Reiher über stilisierten Wassern abgebildet sind, fertigte Alfred Partikel selbst. 1929 ereilte ihn ein Ruf als Landschaftsmaler an die Königsberger Kunstakademie. Nun hieß es, mal hier, mal dort zu sein, war die Familie – inzwischen vervollständigt durch die 1927 geborene Tochter Cornelia – an zwei Ostseeorten beheimatet.

Und wieder hatte das Leben eine Volte parat: In der Hardenbergstraße 26, Partikels Königsberger Adresse, wohnte ab 1932 ein paar Häuser weiter in der 20b die Schriftstellerin Marie Luise Kaschnitz mit ihrem Ehemann, Guido Kaschnitz von Weinberg, und der kleinen Tochter Iris Constanza. Wie Alfred Partikel war auch der Archäologe einem Ruf nach Königsberg gefolgt, auf den Lehrstuhl für Klassische Archäologie an der Albertus-Universität. Die Familien wurde enge Freunde, und mehrfach verbrachte Marie Luise, Partikels »liebe Leu«, mit Iris viele erlebnisreiche Sommerwochen in Ahrenshoop:

Das Haus Partikel

August 1938 in Ahrenshoop. Blick von unserem Zimmer bei Partikels: die weiße, von graugrünem Strandgras durchsichtig überzogene Düne. Reisig, braun, hoch geschichtet... Alte Weiden. Der rohrgeflochtene graugelbe Zaun. Zwischen den welligen Senkungen der Düne das grünblaue Wasser. Segel. Wind. Labkraut gelb. Silberdisteln wie Christrosen geformt. Immortellen. Nachts knarrt die Wetterfahne, der kurische Wimpel.

Mit dem deutschen Überfall auf Polen brach 1939 der Zweite Weltkrieg aus. Alfred Partikel hatte das heraufziehende Unheil lange erahnt, von seiner ostpreußischen Heimat Stück für Stück Abschied genommen. 1936 schrieb er Gerhard Marcks: »Wie oft musste ich an Dich denken und wünschte Dich hier, wenn ich früh um 4 Uhr zum Fischen ging, im Schilf die Rohrdommel beschlich und bis zum Abend mit Palette und Bleistift die Seeskerhöhen zur Arbeit durchstreifte. Du solltest nur die Wolken und den Reichtum der Feldblumen hier sehen. Es umfängt einen ein Friede in dieser Einsamkeit... Manches ist in dieser Zeit entstanden, vieles verworfen, doch das meiste bleibt doch noch zu tun übrig, das zu finden, was hinter den Dingen einer Landschaft steckt.«

Als Königsberg 1944 im Feuer der Phosphorbomben versunken war, machte sich Alfred Partikel im Januar 1945 auf die Flucht nach Ahrenshoop – auf einem Fahrrad über Pillau, Köslin und Usedom. Mitte Februar erreichte er das Fischland, »sah aus wie ein gerupfter Adler«, so Gerhard Marcks. Wie Partikel seinen Sohn Adrian, hatte Marcks seinen Sohn Herbert im Krieg verloren.

Am 20. Oktober 1945 ging Alfred Partikel wie so oft ins Ahrenshooper Holz. Er liebte den urwüchsigen kleinen »Darßer Wald«, der aus der ehemals vermoorten Seesandebene zwischen Altdarß und Schifferberg mit jahrhundertealten Steileichen und Rotbuchen in den gläsernen Himmel gewachsen war, behaust von Zwergschnäpper und Mittelspecht, durchzogen von Gräben, deren Ränder Sumpfpflanzen säumen. Partikel wollte Pilze sammeln. Kehrte nicht zurück. Die Kinder in der Schule warteten vergeblich auf ihren Malunterricht. Das halbe Dorf suchte das Unterholz ab. Ergebnislos. Auch die Russen, die auf der Halbin-

Alfred Partikel

sel ihre Kommandanturen errichtet hatten, durchkämmten den Wald. Vielleicht wird er »ein Natur Dämon des Fischlandes (wie schön passt das zu ihm!)«, mutmaßte Gerhard Marcks.

Am 25. Oktober 2000 lud der NDR in die Ahrenshooper *Strandhalle* zu einer ungewöhnlichen Veranstaltung ein: Jürgen Beckers Hörspiel *Ahrenshooper Holz* wurde als Ursendung öffentlich produziert. Es handelt vom Verschwinden eines Künstlers, der auf das Fischland gekommen war, um zu suchen, was er nie gefunden hat. Gegen Ende sagt im Hörspiel ein Kind: »Wirklich, ein richtiges Rätsel … plötzlich hört mitten im Sandweg die Fahrradspur auf, und weit und breit kein Fahrrad zu sehen; keiner will glauben, dass der Wind das Fahrrad in die Lüfte davongetragen hat, und jeder sagt doch, duck dich, wenn der Wind kommt…«

Marie Luise Kaschnitz hatte Alfred Partikel 1938 das letzte Mal gesehen. Ohne seinen Namen zu nennen, schenkte sie ihm das Gedicht:

Was wissen die Toten

Und Du, der Du fortgingst
Mit den geflochtenen Körben
Waldwärts und kamest nicht wieder.
Dein Bild stand begonnen im Werkraum,
Und das Essen stand auf dem Tisch
Und Du kamest nicht wieder,
Deine Farben trockneten ein in der Sonne, im Seewind,
Der ging um Dein Haus und
Bewegte den kurischen Wimpel,
Du kamest nicht wieder.
Was weißt Du jetzt?

KULTURBUNDGÄSTE UM BERTOLT BRECHT & CO.

»Bettwäsche selbst mitbringen«

Wem Gott will rechte Gunst erweisen
den schickt er an den Ostseestrand
den lässt er vom Kulturbund reisen
ins schöne Ahrenshooper Land.

Die Wellen an das Ufer schäumen
man ruht im heißen Sand sich aus
und wandert unter schattgen Bäumen
zum Bodden und zum Darß hinaus.

Der Musen Söhn und Töchter geben
sich hier ein fröhlich Stelldichein
sie schütteln ab das Alltagsleben
und lassen immer Sonntag sein.

Doch eine Sorge muß uns drücken
Uns quälen sehr bei Tag und Nacht:
Das sind die ganz infamen Mücken
Wenn sich der Landwind aufgemacht.

Das Kurhaus sorgt für die Verpflegung
Das Essen ist ein Hochgenuß
Doch manchmal kommt man in Erregung
Wenn man zu lange warten muß.

Der Ku-Bu mög' sie weiter walten
Wir dankens ihm mit höchstem Lob
Und seinen Mitgliedern erhalten
Die Sommerfrische Ahrenshoop.

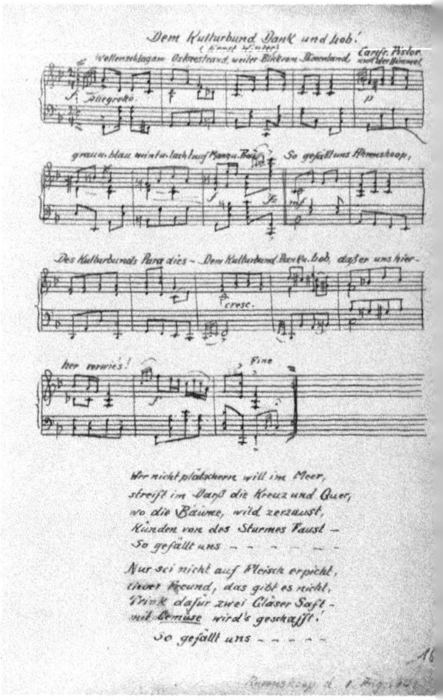

Ausgelassen und fidel ging es – trotz aller Entbehrungen hüben wie drüben – in der ersten Nachkriegssaison in Ahrenshoop zu, das Gästebuch des »Ku-Bu«, alias »Kulturbund«, zeugt davon. »Herrgott, ist Ahrenshoop doch nett! / Wir sechs Mädels vom Ballett / haben hier in der Sonne gelegen – / Wenn wir jetzt wieder die Beine bewegen / und anderen Menschen Freude bringen, werden wir immer das Verslein singen / Schöner Erdenfleck…« Der »Kulturbund zur demokratischen Erneuerung Deutschlands« war schneller da als die DDR, er ging aus einer Initiative deutscher Emigranten 1939 im Exil in London hervor. An ihre Ideen eines besseren Deutschland anknüpfend, gründete der Schriftsteller Johannes R. Becher, selbst ehemaliger Emigrant (allerdings in Moskau und andernorts) und bis heute als Verfasser der DDR-Nationalhymne (»Auferstanden aus Ruinen…«) bekannt, 1945 den »Kulturbund« in Berlin, konzipiert für alle Besatzungszonen auf »antifaschistischer Grundlage« zwecks Zusammenschluss »breitester Kreise der Intelligenz«. Kommunistische Umtriebe witternd, verboten die Westmächte 1947 den »Bund« auf ihrem Territorium. Der Kampf der politischen Systeme hatte schon begonnen.

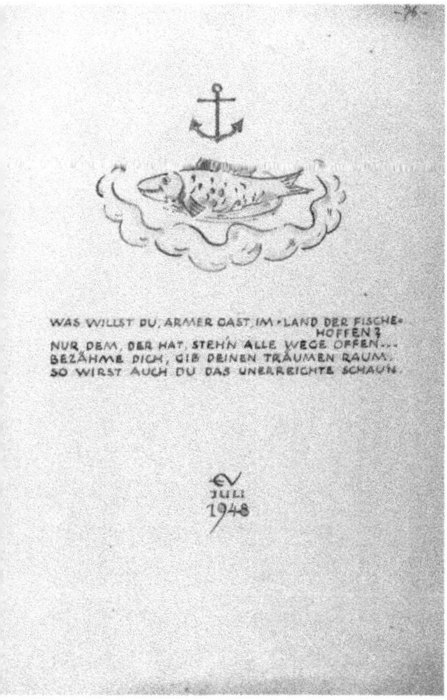

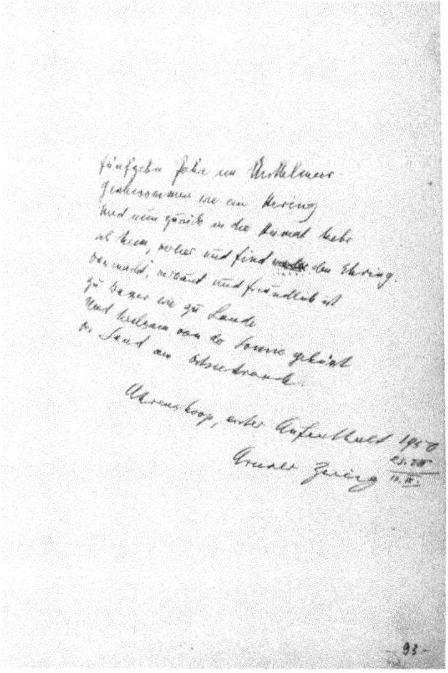

Die Kulturbundleitung in Schwerin wählte Ahrenshoop als Ferienort für Kulturschaffende aus, kürte das einstige Malernest 1946 zum »Bad der Intelligenz«, nahm das *Kurhaus*, den *Charlottenhof*, mehrere Hotels und viele Privatzimmer zur Belegung mit Kulturbundgästen unter Vertrag. »Es wird auch Geld bezahlt«, wenn Betten nicht vergeben werden, verkündete freudig Hans Brass, damals Bürgermeister von Ahrenshoop, »Bettwäsche müssen sich die Kurgäste selbst mitbringen«. Nicht jeder Intelligenzler ging automatisch mit gutem Beispiel voran. Wehe, wenn sie losgelassen! Unter der Überschrift *Balz der Intelligenz* heißt es 1948 im »Ku-Bu«-Gästebuch:

Brillenträger, Professoren,
Lyriker und Rezensent,
selbst Politiker, Pastoren
wirken tanzend eminent.

Manche mühen sich helotisch
schweißbeperlten Angesichts,

manche geben sich erotisch,
wieder andre fühlen nichts.

Rein ästhetisch angesehen
war das Ganze ganz umsonst.
Doch gibt's Leute, die bestehen
drauf, das sei Kultur und Kunst.

Ab 1950 quartierte der »Kulturbund« seine Gäste auch im *Dornenhaus* ein – dem ältesten Rohrdachhaus in Althagen, dem ehrwürdigsten ohnehin. Um 1660 soll es gebaut worden sein, sein Mauerwerk kann von Bauern und Seefahrern erzählen, auch von Zöllnern, als hier die Grenze zu Pommern verlief, mit der wir uns auf unserem ersten Streifzug beschäftigten. Der alte Grenzgraben fließt noch immer am Dornenhausgarten vorbei, unweit davon bewegen sich Windspiele auf der Wiese, stehen Plastiken und Installationen zeitgenössischer Kunst, manch eine Figur lugt wie ein Fabelwesen hinter Büschen und Blüten hervor. Seit 1995 beherbergt das *Dornenhaus* im Bernhard-Seitz-Weg 1 *Friedemann Löbers Töpferwerkstatt.* Er übernahm sie Mitte der sechziger Jahre von seinen Eltern, Wilhelm und Frida Löber (beide studierten in Halle an der Kunstgewerbeschule Burg Giebichenstein), die die blaugraue Fischlandkeramik mit Motiven aus Fischen, Mücken, Libellen und Doppelblatt in Aufglasurmalerei mit Ritztechnik in ihrer Althäger Büdnerei entworfen haben. In der heutigen Galerie sind Kannen, Becher, Vasen, Kerzenleuchter und feine Teegeschirre ausgestellt – jedes Stück ein Einzelstück. Regelmäßig finden in der hohen Diele mit ihrem historischen Gebälk Lesungen und Kunstausstellungen statt.

Gut hätte das alles zu Bertolt Brecht und Helene Weigel gepasst, die mit ihren Kindern Stefan und Maria Barbara im August 1950 im *Dornenhaus* Quartier nahmen, begleitet von der Fotografin und Bühnenautorin Ruth Berlau. Brechts Regieassistent am »Berliner Ensemble«, Egon Monk, damals dreiundzwanzig Jahre alt, kam aus Prerow nach. Der Ahrenshooper Sommer war für die Theatermacher in erster Linie ein Arbeitsaufenthalt. Es wurden Proben für die Münchner Inszenierung des Dramas *Mutter*

Das Dornenhaus

Courage und ihre Kinder, 1941 in Zürich uraufgeführt, vorbereitet. Weder Brecht noch seine Intendantin und Hauptdarstellerin Helene Weigel sonnten sich am Strand, geschweige denn, dass sie in die Ostseewellen sprangen. Helene, genannt »Helli«, schwang in der Dornenhausküche das Zepter, war erbost, wenn man unpünktlich zum Essen erschien, erzählt Monk Jahre später in einem Interview, »da wurde man bestraft, und zwar nicht nur mit Entzug – sie ließ sich dann doch erweichen zu einer Stulle –, sondern mit Liebesentzug. Da war sie dann mürrisch und guckte uns nicht an. Das galt als Missachtung ihrer Mühen.« Brecht lebte in Ahrenshoop meist für sich, man sah ihn wenig, und wohl nie trug er anderes als seine übliche Joppe aus teurem Tuch, schon gar keine Badekleidung. »Er hatte sein Zimmer, in dem er sich aufhielt, und manchmal, hörte man, sitze er vor dem Zimmer, das einen Ausgang ins Grüne hatte… Aber eigentlich saß er immer im Zimmer, und an späteren Vormittagen – natürlich schliefen wir länger als Brecht – hörte man seine Schreibmaschine klappern.« Am Erscheinungsbild des Dorfes fand Brecht mit Ausnahme »einiger alter fischerhäuser« wenig Gefallen, vielmehr beargwöhnte er die »neueren« Bauten, die nach Stichworten in seinem *Arbeitsjournal* (1942-1955) nichts anderes waren als »freche behauptungen, im grunde haltlos, von der landschaft verachtet«. Wie Recht er damit gehabt hat.

Gleichzeitig mit Brecht und Weigel hielt sich auch Johannes R. Becher, der Präsident des »Kulturbundes« und erster Kultusminister der DDR, in Ahrenshoop auf, notierte in sein *Ahrenshooper Tagebuch* (1950):

3. August Donnerstag
Wind und Wellen, Sonne, Meer. Geschwommen, in der Sonne gelegen, gewandert. Nachgedacht, geträumt, gedichtet. (…) Gartenblühen und Weitblicke, Farnenverschlungenheit und wieder das Meer entlang: solch eine bezaubernde wechselvolle Vielfalt bietet Ahrenshoop (einschließlich des Wetters), wobei es immer wieder neue Wunderreiche und Wunderwinkel zu entdecken gibt, zum Beispiel die Schilfwanderungen

4. August Freitag
Regengüsse und Wellensturm. Mich den Wellen gestellt, schon um fünf Uhr morgens, dann im Regenwald, der mich noch zusätzlich mit seinem Wipfelregen überschüttete. Um Mittag herum ebenso stürmische Aufheiterung. (...)

5. August Samstag
Acht Tage brauche ich (Meer, Sonne, Wind, Sand), um mit mir ins Reine zu kommen, in allen meinen Lebensäußerungen zur Ordnung zu gelangen.

Ein weiterer prominenter Kulturbundgast war im August 1950 der Komponist Hanns Eisler mit seiner ungarischen Ehefrau Louise, geborene Gosztony, genannt »Lou«. Sie wohnten im *Kurhaus*, wo auch der Schriftsteller Arnold Zweig untergebracht war, und dieser schrieb an Lion Feuchtwanger, den Gefährten aus dem französischen Exil in Sanary-sur-Mer: »... dicht neben uns Ernst Busch mit seiner Frau und drei Hundchen«. Busch war seit 1928 als Schauspieler und Sänger an der Piscator-Bühne aufgetreten, arbeitete schon damals mit Brecht und Eisler zusammen. Das *Solidaritätslied* (»Vorwärts und nie vergessen...«) hatten ihm beide vor dem Hintergrund der steigenden Massenarbeitslosigkeit 1929 auf den Leib getextet und komponiert. Nazi-Deutschland überlebte Ernst Busch im Zuchthaus in Brandenburg und Berlin. Seit 1981 trägt die Hochschule für Schauspielkunst Berlin seinen Namen.

Treffpunkt vieler Kulturbundgäste war das *Musikzimmer* – ein Café, das Agnes Marie Grisebach im gediegenen, mit weißen Säulen geschmückten Sommerhaus ihrer Eltern im heutigen Paetowweg, von wo es zwischen Wiesen und Feldern zum Bodden geht, 1947 eingerichtet hatte. Erst mit fünfundsiebzig Jahren schrieb die ehemalige Schauspielerin ihre Erlebnisse auf, der autobiografische Roman *Eine Frau Jahrgang 13* (1988) avancierte zum Bestseller, gerade auch in Ahrenshoop. In einem Kapitel erzählt Grisebach, wie sie zur »Gastwirtin« des baldigen »Kulturbund«-Clubs mit Bibliothek und Tanzkapelle wurde, nachdem sie auf dem Dachboden zwischen Gerümpel grüne Ölfarbe fand, die sie auf einen famosen Einfall gebracht hat. Um diesen in die Tat umzusetzen, musste sie vorher die ostpreußischen Flüchtlinge, die man ihr wie vielen Nachbarn zugeteilt hatte, anderweitig unterbringen:

Nun brachte ich das Musikzimmer wieder auf Hochglanz, strich mit Feuereifer alle Tische und Stühle des Hauses grün, hängte die alten Mullstores wieder vor die Fenster, und als das Café fertig eingerichtet war, wirkte es mit dem Flügel, als sei es eigens zu diesem Zweck von einem Architekten geplant, harmonisch mit der Säulenhalle komponiert und außerordentlich einladend für Sommergäste, schattig, windgeschützt und wunderhübsch. Ich taufte die neuerfundene Gaststätte wegen des Flügels »Das Musikzimmer«, da ja der Raum, in welchem jetzt die Tische und Stühle standen, schon von der Großmama »das Musikzimmer« genannt worden war. Für den Eröffnungstag meines Cafés – der einzigen Gastwirtschaft im Ort, die aufmachte, weil keine etwas anzubieten hatte – machte ich grüne, gelbe, rosa, blaue und rote Puddings aus Stärke, gefärbt mit Speisefarbe, aromatisiert mit künstlichem Speisearoma, gesüßt mit Süßstoff, und kochte Kaffee aus Lupinen.

Bertolt Brecht soll nur einmal von der Düne auf die Ostsee geschaut haben, höchstens eine Minute lang, dann sei er wieder umgekehrt, erfuhr Egon Monk vom Hörensagen und hielt das für »absolut glaubwürdig«. Ganz anders Arnold Zweig. Er nahm die Meeresimpressionen intensiv in sich auf, die ihn vermutlich an Haifa erinnerten, und drückte dies in seinem Essay *Strand und See* (1954) mit den Worten aus: »Weite grüne Streifen winden sich durch ein unerhört lebendes Blau, das ohne Ende hinausschweift und das der Himmel, blasser und noch stoffloser blau, in einer unsagbar zarten Linie küsst, dort hinten auf Dänemark zu, wo menschliche Augen gerade noch hinfinden.«

Und wie stand es um Hanns Eissler? Was trieb er, wenn er nicht gerade Klavier spielte, in Ahrenshoop? Der gebürtige Leipziger, Schüler von Arnold Schönberg in Wien, der wie er nach 1933 in die USA emigriert war, saß gern am Strand, schwamm häufig, vornehmlich auf dem Rücken, so Egon Monk:

Bertolt Brecht, Pfarrer Karl Kleinschmidt, Egon Monk,
Professor Schmid, Helene Weigel und Hilde Troeger, 1950

Er hatte zusammen mit seiner Frau Schirm und Liegestuhl am Strand... Brecht schickte mich mit ein paar Versen zu Hanns Eisler, und wenn ich ihn nicht am Strand fand, fand ich ihn zu Hause und von dort trug ich dann auch manchmal ein Notenblatt oder zwei zurück zu Brecht, wenn Eisler, abends vermutlich oder in der frühen Morgenstunde, die Brecht so liebte, etwas zu den Versen komponiert hatte – übrigens auf amerikanischem Notenpapier, MGM stand oben drauf, Metro-Goldwyn-Mayer. Er musste sich einen unerschöpflichen Vorrat aus Los Angeles mitgebracht haben, ich hielt es, dies sehend, auch für möglich, dass die Nationalhymne der DDR auf MGM-Papier komponiert worden sein könnte –, ein Gedanke, der mich erheiterte. (...) So eilten die Tage dahin, angefüllt mit nichts als Blödsinn, mit Fußballspielen am Strand und sich abends umgucken unter dem, was da sonst noch zu sehen war. Und vorzüglich ernährt und so gesund, wie man nur sein kann, wenn man in der Sonne gelegen und geschwommen hat, ging's zurück nach Berlin.

1951 verließ Agnes-Marie Grisebach mit ihren Kindern und zwei Koffern die DDR, fing sie in der wirtschaftswunderlichen Bundesrepublik ein neues Leben an. Die Einweihung der *Schifferkirche* im Herbst desselben Jahres bekam sie nicht mehr mit. Umso größer war ihre Überraschung, als sie 1996 nach Ahrenshoop zurückkehrte und jene architektonische Besonderheit, »kieloben«, wie es bis heute heißt, gegenüber von ihrem Gartentor am Schifferfriedhof vorfand. Der Sozialismus hatte den lieben Gott zu einem »Weihnachtsmann für Kinder« erklärt, so Grisebach in ihrem zweiten Roman, *Von Anfang zu Anfang* (2013), das machte die Ahrenshooper »rebellisch«, wenngleich sie auch nicht unbedingt gläubig waren, »aber einfach verbieten und nehmen ließen sie sich den lieben Gott auch nicht«. Zudem lag die Wustrower Kirche in Mecklenburg. Dorthin gehörte man als Pommer beziehungsweise Vorpommer nicht. »So bauten sie 1951 als heimlichen Protest gegen den geforderten Atheismus ein kleines Kirchlein, in dem achtundneunzig Personen Platz finden, in der symbolischen Form eines gekenterten Schiffes, in dessen Luftblase sich die Insassen retten können.« Seither ist die Ahrenshooper Kirche ein Ort der stillen Einkehr – für Gottesdienste, außergewöhnliche Lesungen und Konzerte.

Nach der berüchtigten »Aktion Rose«, jener groß angelegten staatlichen Enteignungswelle vor allem im Hotel- und Gaststättengewerbe entlang der DDR-Ostseeküste 1953, änderte sich auch vieles in Ahrenshoop.. Brecht kam 1951 ein zweites und letztes Mal als Kulturbundgast. Eisler verzichtete auf weitere Aufenthalte, nachdem er die Mitteilung erhalten hatte, dass Wunschquartiere nicht mehr berücksichtigt würden. »In unserer Welt geben die Arbeiter den Ton an. Das ist das Neue: Nicht mehr Geburt oder Besitz bestimmen den Rang des Menschen, sondern die Arbeit, die er zum Wohle aller leistet«. So lautete das Credo, wie es der Publizist und Schweriner Domprediger Karl Kleinschmidt, Leiter des »Kulturbundes« der Region und Freund von Brecht, in seinem launigen Buch *Keine Angst vor guten Sitten* (1957) formuliert hat. Doch weil der Mensch ein Mensch ist, blieb das Arbeiteridyll graue Theorie. Kleinschmidts Knigge lohnt eine Ausleihe in der Bibliothek. Enthält er doch Entschwundenes wie auch Gebliebenes aus jener Zeit, als man »aus Deutschland nach Deutschland und als Deutscher zu Deutschen« reiste… Kulturbundgäste aus dem Westen blieben in Ahrenshoop allerdings Mangelware. Aber das ist eine andere Geschichte.

1960, als die Ahrenshooper Dorfstraße betoniert und der Seedeich gebaut worden war, erschütterte der Plan zu einem »neuen Ahrenshoop« die Republik: Bettenburgen sollten her – groß, größer, am größten! Kernstück: ein neungeschossiges Kurhaus an der Stelle des alten. Betreiber war nunmehr das Deutsche Reisebüro (DER), das den »Kulturbund« sukzessive verdrängte. Zum Richtfest des landesweit mehrheitlich abgelehnten Objekts titelte die *OSTSEE-ZEITUNG*: »Das wird ein Schmuckkästchen in Ahrenshoop«. Schon über den Vorgängerbau mit seinem »Bonzen-Aquarium«, der Veranda für privilegierte Gäste, hielt 1965 Brigitte Reimann in Tagebucheinträgen genervt fest:

Was hat der Sozialismus nun eigentlich verändert? Auto und Konto sind die Götzen wie »drüben«, und ein Titel zählt mehr

Peter E. Erichson mit Line Ristow, Käthe Miethe, Hertha von Guttenberg und Tochter

als ein Charakter. (.. .) Und weil ich gerade in schlechter Laune bin, möchte ich dazu sagen, dass das DER eine Nepp-Organisation ist. Das Essen ist ziemlich mies, das Kurhaus (angeblich das beste Haus am Platze) ohne Komfort. Kein Bad. Das Zimmer ist klein, zwei Betten, ein schlecht schließender Schrank, Tisch, Nachtkästchen, aus. Und das für einen horriblen Preis... Man bezahlt halt das Meer und den Strand.

Was hätte Peter E. Erichson, der große Geschichtenerzähler, wohl zu alledem gesagt? Als das neue *Kurhaus* 1970 eröffnet wurde, hatte er sich schon von der Welt verabschiedet. Freunde, Kollegen und Autoren nannten den jovialen Geschäftsmann mit seinem hallenden Bariton nur Peter E. – auf Postsendungen genügte die Anschrift: Peter E. Erichson, Mecklenburg. Ab 1925 brachte er die *Mecklenburgischen Monatshefte* heraus, Belletristik wie etwa die Werke von Felix Hollaender (nicht zu verwechseln mit dem Kabarettisten und Tonfilmkomponisten Friedrich Hollaender, seinem Onkel, der Marlene Dietrich im *Blauen Engel* von Kopf bis Fuß auf Liebe eingestellt hat), natürlich Plattdeutsches und nicht zuletzt Wissenswertes aus der Landwirtschaft. »Er kannte das Fischland in- und auswendig«, würdigte der Mecklenburger Bildhauer Jo Jastram den Hausherrn vom Schifferberg 10 in einem Porträt. Erichson lenkte die Geschicke in Ahrenshoop »majestätisch«, was ihm den Titel »ungekrönter König des Fischlandes« einbrachte. Zusammen mit Line Ristow, seiner Lebensgefährtin, führte Peter E. ein offenes Haus. Alfred Partikel und Gerhard Marcks gehörten zum festen Freundeskreis, Käthe Miethe sowieso, auch die Bildhauerin Hertha von Guttenberg, aus deren Anwesen im Feldweg neben der Ahrenshooper Mühle in unseren Tagen das *Neue Kunsthaus* entstand. 1956 feierte der aus Schwedt stammende Verleger seinen fünfundsiebzigsten Geburtstag. Neben Blumenbuketts, Geburtstagstorte und Gratulationsgrüßen lag ein besonderes Geschenk auf dem Geburtstagstisch: *Autoren geben einen Verleger heraus* – eine liebevoll gestaltete Schrift mit persönlichen Texten zu Erlebnissen mit Peter E., unter den Zuträgern finden sich der Maler Otto Manigk aus Ückeritz auf Usedom, Pastor Arnold Gustavs aus Kloster

auf Hiddensee, der Grafiker Georg Hülsse aus Ahrenshoop, der Schriftsteller Ehm Welk aus Bad Doberan oder auch der Sassnitzer Stadtarchivar Wolfgang Rudolph: »Merkwürdig: wie dieser Mann aus dem Odertal, wie sehr dieser Peter E. eigentlich einem Lotsen ähnelt, der da alle möglichen Arten von Schiffen aus der nebligen Unweite durch schwieriges, verkrümmtes Fahrwasser binnen bringt: prächtige Klipper, dicke Dampfer und alte Fregatten, rassige Rennjachten und schwerfällige Haffkähne. Immer wieder fährt er hinaus, einem Suchenden entgegen, bei jedem Wetter, nie ermüdend, keines Dankes gegenwärtig, seiner Berufung folgend: im Dienste der Menschlichkeit.«

Aus Berlin finden sich in jener Schrift auch Zeilen des Schauspielers, Drehbuchautors und Regisseurs Curt Goetz, er gratulierte seinem Verleger, der seine Komödien *Dr. med Hiob Prätorius* (1929), *Die Nonne und der Lügner* (1937) oder auch *Das Haus in Montevideo* (1951) veröffentlichte, »zur dritten Wiederkehr deines 25. Geburtstages« mit allem erdenklich Guten und dem Segen der Götter. Schwer krank, vertraute Goetz, Mitglied der *Berliner Akademie der Künste*, seinem »lieben Peter«, Peter E., zum Schluss einen dringenden offenen Wunschtraum an: »Noch einmal mit Dir zu saufen. In einer verräucherten Schifferkneipe, Dir gegenüber zu sitzen und Dir zuzuhören. Beileibe nicht alles zu glauben. Nur zuzuhören, Dich zu beobachten. Mich an Deiner strotzenden Vitalität zu freuen. Und immer noch eins zu trinken. – Und der Tag wird kommen, wo das eintreten wird! Verlaß Dich drauf.«

NACH ALTHAGEN UND ZUM ALTHÄGER HAFEN

»Kaum schaukeln die Boote auf dem schlafenden Wasser«

Uwe Johnson war privat gekommen. Nicht als Kulturbundgast. Hätte ihm auch nicht zu Gesicht gestanden, wo er doch über den Feriendienst als einer Organisation sprach, die »den Intellektuellen der Zone« das Fischland wie eine Medizin verabreichte, »nach 14 Tagen mussten sie Platz machen.« Der im pommerschen Cammin geborene, in Anklam aufgewachsene und in Güstrow auf die John-Brinckmann-Oberschule gegangene Autor hatte 1956 mit seiner späteren Frau Elisabeth mehrere selbst gestaltete Sommerwochen in Althagen verbracht. Kurz vor der Abfahrt Ende Juni schrieb Johnson aus Leipzig, wo er Germanistik studierte, an seinen Studienfreund Joachim Ziem:

»Am Anfang der nächsten Woche werde ich an der Ostsee sein. Da bleibe ich ziemlich lange. Manchmal trinke ich Wodka-Soda; das ist aber ein freundliches Getränk. Elisabeth sagt: Bei Malchen Saatmann – das ist aber nicht weit vom Strand – da trinken sie Kaffee und Schnaps. Sie meint die Einheimischen. Von den Trinkarten der sonstigen Intelligenz ist ja gar nicht zu reden…«

Uwe Johnson und Elisabeth Schmidt wohnten bei Wilhelm und Frida Löber in der heutigen Althäger Straße 70, wo an der Boddenseite der einstigen Büdnerei die *Uta Löber Keramik* ihren Sitz hat. Uta Löbers Mutter, Ella Löber, Tochter von Wilhelm und Frida und Schwester von Friedemann aus dem *Dornenhaus*, war eine Kommilitonin von Uwe Johnson während ihres Studiums. Sie verehrte den hoch gewachsenen klugen Blondschopf, war fasziniert von seiner Stimme, hatte sich vielleicht sogar ein bisschen in ihn verguckt, freute sich über seinen und Elisabeths Besuch in Althagen in ihrem Elternhaus. An der Universität Leipzig hatte Ella Uwe und Elisabeth zusammengebracht, indem sie sie vor einem Seminar, das alle drei besuchten, miteinander bekannt machte. Das Schlotermannsche Haus war inzwischen in andere Hände übergegangen, so dass Elisabeth nicht mehr bei ihrer Tante unterkam. Ella half sofort mit einer Lösung… Wieder eine dieser Ahrenshooper Geschichten…

Der Fischlandsommer war voller Glück. Der zweiundzwanzigjährige Johnson, damals schon ins Schreiben versunken, wollte Verlagslektor werden, gewann in Althagen eine Leichtigkeit, die man sonst von ihm kaum gewohnt war. Über beide Ohren verliebt, trug er Elisabeth an den Strand, wo sie badeten und herumalberten. In ihrem Zimmer bei Löbers half sie ihm beim Tippen der dritten Version seines Romanerstlings *Ingrid Babendererde.* Nachts quietschten einmal die Fenster durch heftige Böen, so dass sie befürchteten, »den Bodden vor dem Hause vorzufinden (Wind staut)«, aber nichts war am nächsten Morgen geschehen. In einem Augustbrief an Jochen Ziem ist die ausgelassene Atmosphäre zu spüren: »Im Fenster steht ein riesiges graues Strohdach mit Moosplacken an der giebeligen Wetterseite. Die reifere Jugend des Hauses nennt Elisabeths Haartracht nur ›das Strohdach‹. Heute wollen sie Aal fangen… Sie singen: ›Komm heraus, dass wir dich braten…!‹« Und zum Schluss – nach frisch frechen Verbalattacken auf die »Rote Luftflotte« und den FDGB: »Vorläufig mögen Sie mich immerhin sehen mit grünen Schwimmflossen und blauroter Taucherbrille die Gründe der Ostsee erforschend. Ab und an schenken die Leute Elisabeth einen Strauß Feldblumen. Ich grüsse Sie…«

In Johnsons Romantrilogie *Jahrestage* (1970/1983) fand viel Erlebtes aus Althagen Eingang. So auch Elisabeths Erzählungen aus dem Haus der Tante, das sie ihrem Freund Uwe zeigte: »Es war ein langer Ziegelkaten unter einem Rohrdach, die Westwand weiß und dann gelb überstrichen. Im Dach war ein Fledermausfenster (nicht zwei)…« Im Garten, »ganz wild geworden«, gab es eine Terrasse für Blumen, eine andere für Gemüse, »nun zugewachsen mit Gras, Unkraut, überlebenden Blumen«, zum Bodden führte eine Pforte. Von der gekachelten Küche im Untergeschoss beförderte ein Aufzug die Speisen ins getäfelte Esszimmer mit Kamin. Im oberen Stock lag das »Boddenzim-

Uwe Johnson, 1951

mer«, wo die Erwachsenen schliefen, das Reich der Kinder war das »Atteljé«.

Den lichten Anbau kann man noch heute sehen, wenn man im Bernhard-Seitz-Weg 13 vor dem eingewachsenen Grundstück steht. Um dorthin zu gelangen, geht man am besten hinterm *Baltischen Hof* in den Feldweg bis zum *Dornenhaus* und von dort weiter in einem Bogen Richtung *Aparthotel Saatmann* im Bernhard-Seitz-Weg 17. Hier, parallel zur Dorfstraße, glaubt man, durch ein Gemälde aus der Ära der Künstlerkolonie zu spazieren, verbergen sich viele stille Winkel: hoch gewachsene rosarote Malven vor blaugrauen Fensterläden, paradiesische Gärten bis zum Bodden, ein verschwiegener kleiner Innenhof hinter einem Holztor mit Brunnen... Schon nach wenigen Schritten hinter dem *Dornenhaus* zweigt rechterhand ein »Nebenarm« vom Bernhard-Seitz-Weg zu zwei wichtigen Adressen in Althagen ab: die *Käthe Miethe Bibliothek* und das *Neue Kunsthaus*, beide haben die Nummer 3, was trotz Hinweisschildern zuweilen für Verwirrung sorgt. Unterm Rohrdach der Bibliothek wartet eine Fülle Regionalliteratur (einschließlich der grassierenden Fischlandkrimis) zum Ausleihen für den Strand oder die Ferienunterkunft. Im Kunsthaus direkt nebenan steht in Kooperation mit dem *Künstlerhaus Lukas* aktuelles Kunstgeschehen auf dem Programm – deutlich abgegrenzt vom preisgekrönten bronzenen *Kunstmuseum*, das 2013 eröffnete... Die von Neuankömmlingen häufig gestellte Frage, wo die Ahrenshooper Künstlerkolonie sei, lässt sich kaum in einem Satz beantworten...

Wie übersichtlich war es da noch, als Adolf Miethe auf seinem »mecklenburgischen Landgut« Gurken, Salat, Radieschen und Kohlköpfe eigenhändig geerntet hat. Noch heute steht sein Namenszug in weißen Lettern auf der roten Außenwand seiner einstigen Büdnerei im Bernhard-Seitz-Weg 14. »Alle Stuben waren windschief. Grade gerichtet konnten sie natürlich nicht werden, aber sie bekamen neue Fußböden, wurden verputzt und mit bunten Leimfarben gestrichen«, erzählt wie immer Tochter Käthe über den ursprünglichen Zustand.

Alles sollte so einfach bleiben, wie es gewesen war. Nur der noch offene Heuboden wurde zu zwei Schlafräumen und zwei Abseiten ausgebaut, und die Leiter nach oben wurde durch eine Treppe ersetzt. Dem Haus wurde nach Osten mit dem Blick über die Wiesen und den Bodden eine Veranda angefügt, die sofort mit wildem Wein bepflanzt wurde, denn wir empfanden sie als Schandfleck in unserem noch völlig stadtfremden Dorf. Immerhin lag die Veranda zum Garten hin, so dass man sie wenig sah. Der Garten hatte bisher gewiss nie etwas anderes als Kartoffeln, Saubohnen und ein paar Wurzelbeete getragen. Er wurde mit einem breiten Mittelweg angelegt, den zu beiden Seiten Staudenrabatten mit Johannisbeer- und Stachelbeerbüschen zwischen den Blumen begleiteten. Im übrigen gab es nur Gemüsebeete, denn wir wollten keinen städtischen Garten mit Liegewiese, sondern einen echten Bauerngarten haben...

Adolf Miethe genoss seine Fischländer Dependance in sympathischer Berliner Malernachbarschaft in vollen Zügen, »depeschierte« an Gott und die Welt, wozu auch Prinz Heinrich von Preußen gehörte, wie »prachtvoll« das Wetter und »großartig« das Bad in den Wellen und es den Seinen an der Ostsee ergangen war. Dabei reichen seine Botschaften von heiteren Segeltörns auf der eigenen Jolle, die im Althäger Hafen vertäut lag, über häufig brütende hochsommerliche Hitze (»ruhig sitzen, schwitzen, trinken, Mückenstiche kratzen«), bis hin zu Berichten über Boxer Lump: »Er ist ein braver Hund geworden: wachsam und ruhig, ein prachtvoller Schwimmer und unermüdlicher Begleiter. Er ist im Stimmbruch und sehr schusselig. Meist ist er furchtbar durch Birnen verpupst, so dass er grässliche Zustände kriegt...«

Nicht zu vergessen, Adolf Miethes Fotografien »in Naturfarben«. Seine ersten »Freilichtaufnahmen« entstanden 1902 am Ahrenshooper Strand, das erste gedruckte Motiv hieß *Dame mit dem roten Sonnenschirm, Aufnahme nach lebendem Modell.* Weitere folgten am Bodden und an der Steilküste – unter Sammlern heute ein Vermögen wert. Adolph Miethe präsentierte sein Wissen auf internationalen Kongressen, fotografierte in den Pyrenäen und in Ägypten, begleitete Graf Zeppelin 1911 auf einer

Expedition nach Spitzbergen, schrieb Bücher für ein lichtbildnerisch interessiertes Publikum, darunter auch den kurzweiligen Ratgeber: *Die Dame mit der Kamera* (1925). Bevor er seine »Gnädige« mit praktischen Tipps zu Licht und Schatten, Wasser und Wolken, Staffagen an Meer und Strand versorgte, war Adolf Miethe indes wichtig, zu erklären: »Unser Leben spielt sich auf der Scheide zwischen der ungewissen Zukunft und der hinter uns liegenden Zeitspanne ab, die wir als Vergangenheit bezeichnen... Unser Lebensweg liegt hinter uns wie eine Reihe von Bildern, die sich allmählich in den grauen Dunst der Ferne verlieren...« Das Vergangene in einem Lichtbildarchiv zu bewahren, darin sah Adolf Miethe den Sinn des Fotografierens. Beweise ein solches Archiv doch, »wie wir uns verändern, wie unser Geist immer neue Wege einschlägt.«

Am Althäger Hafen, den man hinter *Saatmann* linkerhand in den Neuen Weg einbiegend in einer bequemen Viertelstunde zu Fuß erreicht, zerschnitt vor einer Weile eine neu eingepflanzte Anlage mit Feriensuiten das schöne alte verwunschene Bild. Weise Bäume, mit denen man wie mit einem Bruder reden konnte, mussten Parkplätzen und Auffahrten weichen. Der Hafenweg ist verstummt, hat nichts mehr mitzuteilen.

Elizabeth Shaw, die gebürtige Irin, die mit ihrem Ehemann, dem Bildhauer René Graetz, von Berlin aus oft nach Ahrenshoop reiste, 1952 das erste Mal, zeichnete Muscheln und Möwen, schuf Aquarelle mit hauchdünner Feder zu Gräsern und Dünen und Lyrisches zu Althagen, auf dem Fischland ihrem liebsten Ort: »Ruhe am Hafen, / still der Wind. / Kaum schaukeln die Boote / auf dem schlafenden Wasser.« Eine Auswahl von alledem enthält das Buch *Elizabeth Shaw. Spuren der Erinnerung* (2002), das anlässlich einer Ausstellung über Shaw und Graetz im *Kunstkaten* herauskam. Noch eine ganze Menge daraus kann man auf einem Streifzug durch Althagen für sich entdecken (aber nicht weitersagen und nicht verraten!): zauberstille Boddenwiesen, entblätterte Weiden am herbstlichen Boddenweg, ein Gänsequartett, Wäscheleinen im Wind oder auch *Althagen im Winterschlaf* (1968) – Bilder für das eigenes Erinnerungsarchiv.

Althäger Hafen

Am Rande von Althagen, in der Althäger Straße 46, wohnte Käthe Miethe in einer winzigen Büdnerei, sieben Meter breit, acht Meter lang. Ihr Vater hatte ihr das Rohrdachgehäuse geschenkt. 1962 nächtigte dort der Essayist, Lyriker und Kinderbuchautor Franz Fühmann als Gast des Hinstorff Verlags. Schon Jahre zuvor war er nach Ahrenshoop gereist. »Ich liebe das Meer; wir alle, die wir Böhmen, diesem innigsten Binnenland, entstammen, lieben das Meer, diese Wüste aus Wogen und Wolken, mit einer verzehrenden Liebe, und ich stamme aus Böhmen und hatte zwölf Jahre nicht mehr das Meer gesehen…« – Anfangszeilen aus Fühmanns Ich-Erzählung *Böhmen am Meer* (1962). Nach der Ankunft auf dem Fischland, raus aus dem Bus, die Koffer an der Haltestelle geparkt, zur Düne hoch, wo das Meer sein ewiges Naturschauspiel aufführt:

Seeschwalben schossen silbern über die Wellen, und ich sah die See und die Schwalben und den Himmel und war nicht mehr auf dieser Welt. Lange stand ich so und sah die Wellen rollen und versuchte, ein Gesetz zu finden, das den Wechsel der Wellen von den kleineren zu den größeren bestimmte, doch ich fand keinen Rhythmus im Wechsel der Wellen, obwohl ich fühlte, dass ein verborgener Rhythmus darinnen schwang. Es steigerte sich nämlich die Wucht der See von Welle zu Welle, um schließlich in zwei, drei gewaltigen Wellenschlägen zu gipfeln und dann wieder zu einem leichten Wurf der Wässer zurückzufallen; nur war es bald die siebte, dann wieder die achte oder neunte und schließlich auch, nach der fünften und sechsten, die elfte oder zwölfte Woge, die am mächtigsten heranfuhr, und dann brach, jede Ordnung durchkreuzend, ein donnerndes Wasser lang vor seiner Zeit über die kleinen Wellen herein, ihr kurzes Gemurmel mit seiner Gewalt zu erdrücken. Ein Rhythmus musste hier schwingen, aber ich fand ihn nicht; er schwang wohl in Tagen oder gar Wochen, vielleicht in Jahren oder Jahrhunderten, was wissen wir!

»Vom Steinzeitfieber gepackt«

»Wenn wir jetzt mitunter an Spätsommertagen auf den abgeernteten Feldern eine einsame Gestalt erblicken, die sich dort gesenkten Hauptes langsam vorwärts bewegt und weder für die weite See noch für den blauen Bodden mit seinen rostbraunen Segeln einen Blick übrig hat, haben wir es mit einem Menschen zu tun, den das Steinzeitfieber gepackt hat.« Ja, Käthe Miethe kannte diese Menschen nur zu gut! Gehörte doch ihr Vater zu jenen Fiebrigen, auch Alfred Partikel und dann vor allem: Fritz Koch-Gotha. Der berühmte Illustrator der *Häschenschule* (1924) und Pressezeichner des Berliner Ullstein Verlags entdeckte das Fischland mit seiner Frau, der Malerin Dora Koch-Stetter, einer Schülerin von Lovis Corinth und wie Anna Gerresheim Mitglied im »Berliner Verein für Künstlerinnen und Kunstfreundinnen«, zu Beginn der Weimarer Republik. Aus ihrem Sommersitz in der *Fulge* 3 am Bodden zwischen Althagen und Niehagen wurde für sie eine neue Heimstatt, nachdem ihre Berliner Wohnung samt Atelier und nahezu allen Werken 1944 in Schutt und Asche lag. 1946 heiratete der Stettiner Maler Arnold Klünder, seit langem auf dem Fischland und Darß Ostseegast, die Tochter von Dora und Fritz, Barbara. Gemeinsam gründeten sie ihre eigenwillige Manufaktur *Klünders Keramik*, die nach wie vor neben dem Koch-Gothaschen Anwesen unter Birnbäumen und Sanddorn im Garten existiert, aber auch das ist wieder eine andere Geschichte.

Gerhard Marcks kam oft auf einen Sprung aus Niehagen, wohin unser nächster Streifzug führt, bei Koch-Gotha vorbei, hegte große Sympathie für den »weisen Urmenschen« mit seinem zerklüfteten Gesicht und schlohweißen Haar, schaute ihm gern über die Schulter, wenn er an seinem Reißbrett in »süßer Unordnung« am Arbeiten war. Umgekehrt ging es Fritz, eigentlich Friedrich Robert William, Koch-Gotha, der wohl darum auch von Marcks ein Porträt mit Bleistift zeichnete, was er sonst selten tat.

Wie der Name schon sagt, stammte Fritz Koch-Gotha aus der thüringischen Stadt, in der die Wiege der SPD stand, begründet 1875 mit dem Gothaer Programm. Was ihn mit Mecklenburg verband, erläuterte Koch-Gotha einmal in den *Mecklenburgischen Monatsheften* mit einer Vergangenheit weit vor der menschlichen Erinnerung: »So sehr ich mich auch der Thüringer Heimat freue, bringt sie mir doch von dem nichts nahe, was seit einem Jahrzehnt mein Arbeitsdasein erfüllt, nachdem es einmal zum starken Inhalt eines Sommers geworden war – die Vorzeit. Die spüre ich hier urgewaltig in der Weite zwischen Ostsee und Saaler Bodden, wo an einem großen Himmel ungeheuer sich türmende Wolken nicht mehr Teil der Landschaft sind, sondern für sich bestehen, als Götter- und Dämonenerscheinungen, wo Blitz und Donner, Sturm und Regen sich aus erklärbaren Naturvorgängen und Unabwendbarkeiten verwandeln, die, aus dem All kommend, ihm angehören, wo ich die Sonne wirklich noch als die Spenderin allen Lebens begrüßen kann, und wo mir der Mond mit seinen Wandlungen und mit seinem heimlichkeitsvollen Licht wieder zum Nachtwesen wird.«

Fritz Koch-Gotha hatte sich im Laufe der Jahre eine beachtliche Sammlung von Steinzeitfunden zugelegt, zeichnete mit akribischer Genauigkeit, wie er es aus seinem Studium an der Akademie für graphische Künste und Buchgewerbe in Leipzig kannte, steinzeitliche Siedlungen nach, füllte Blätter mit Skizzen zur Flora und Fauna, steckte Freunde mit seinem »Steinzeitfieber« an, 1927 zum Beispiel den designierten Vorsitzenden des Ahrenshooper »Verschönerungsvereins« und späteren Begründer der Ernst-Barlach-Gesellschaft, Friedrich Wilhelm Droß:

Nachmittags war mein Freund Koch-Gotha mit mir in den Hohen Dünen herumgestiegen. Die Sonne brannte uns auf den Buckel. Plötzlich hatte etwas im Sande geblinkt, ein Stückchen Feuerstein mit deutlichen Spuren davon, dass ihm kräftige und doch vorsichtige Schläge seine spitze Form gegeben hatten. Da noch eins – und hier und hier! Wir suchten, gruben, wühlten. Augenscheinlich befanden wir uns mitten auf der Arbeitsstätte eines Steinzeitmenschen, der wer weiß wie viele Jahrhunderte hin-

durch im Sande begraben gewesen und nun freigelegt worden war, als die eine Düne in den letzten Winterstürmen das Wandern gekriegt hatte. Wir verstauten, sorgfältig wählend, mehrere Zentner Flintstücke in unseren Taschen und übersahen vor Sammelwut das heraufziehende Unwetter. Naß bis auf die Knochen kamen wir nach Haus. Sollte ein meterdicker Schnupfen mit interpolierter Kopfgrippe plus Lungenentzündung der Erfolg des Ausfluges an die See sein? Ein verschwenderisches Kaminfeuer in Idealkonkurrenz mit viel Sherry und noch mehr Burgunder ergab das Gegenmittel. Zwischen den Gläsern und Flaschen lagen unsere vorgeschichtlichen Funde: Pfeilspitzen, Messer, Schaber, Mahlsteinchen usw. Jedes Stück wurde einer kritischen Überprüfung unterzogen und mit der Zahl der geleerten Flaschen wuchs das wissenschaftliche Feuer unserer Debatte...Wann wir zu Bett gingen, weiß ich nicht mehr.

1898 hatte das Steinzeitfieber auf dem Fischland begonnen. Damals wurden die ersten Funde entdeckt. Besonders in der Umgebung von Niehagen – einen Katzensprung von der *Fulge* entfernt. Auf den Äckern brauchte man sich nur zu bücken, am besten, wenn die Stoppeln standen und das Land vom Flug aufgewühlt war, so Käthe Miethe in ihrem Fischlandbuch. Auch das hatte Fritz Koch-Gotha illustriert – samt jener einsamen Gestalt, »vom Steinzeitfieber gepackt«. Bis heute erwischt es den einen oder anderen, bringt es die Phantasie wie früher zum Spielen. »Alle haben wir darüber spintisiert.«

Spintisieren wir weiter – auch wenn Pfeilspitzen, Äxte aus Felsgestein, Scheibenkeile, Stielspitzen, Querschneider, Rundschaber, Scherben, Beile oder Klingen nicht mehr in Massen daliegen. Aber die »Vorzeit« lebt fort, spült mitunter Überraschungen an... Wer weiß?

ABSCHIED VON GERHARD MARCKS IN NIEHAGEN

»Nur die Seeadlerfeder sagt: ich bin noch da!«

Es geht vor meinem Haus ein Pfad
schnurgerade
durch die dämmernde Wiese
durch's flüsternde Rohr
über's weite Wasser, das die dunklen Kähne trägt
über die blassenden Wolken
zu dir

Als *Der Pfad* 1933 entstand, besaß Gerhard Marcks die alte Büdnerei am Boddenweg in Niehagen schon drei Jahre. Er hatte sie von zwei betagten Näherinnen übernommen, die ins Damenstift nach Ribnitz zogen. Zuvor war Marcks häufig zu Besuch bei Alfred Partikel in Ahrenshoop. Auf dem Fischland suchte er nun für sich, seine Frau Marie, geborene Schmidtlein, und ihre fünf Kinder – Brigitte (1916), Herbert (1918), Ute (1922), Gottlieb (1923) und Christoph (1927) – einen geschützten Ort, weit weg vom braunen Ungeist, den er lange vor dem Machtantritt der Nazis aufmarschieren sah. 1933 kündigte ihm der Magistrat der Stadt Halle seinen Dienst an der Kunstgewerbeschule Burg Giebichenstein, wo er seit 1925 Lehrer der Bildhauerklasse, später kommissarischer Direktor war. Als Anlass nahm man Partikels Protest gegen die Entlassung einer jüdischen Kollegin, der Weberin Marguerite Wildenhain. Vorgeschoben wurden indes Sparmaßnahmen.

In Niehagen schlug der Puls wieder ruhiger, boten die Tage mit ihrem festen Rhythmus Halt, wie der Schweriner Publizist und langjährige Freund der Familie Marcks, Detlef Hamer, in seinem Porträt *Gerhard Marcks in Niehagen. Sehnsucht nach den Kranichen* (2011) dargelegt hat:

Lässt es das Wetter zu, geht's nach dem Frühstück an den Strand zu einer abgelegenen Burg. Jung und Alt springen nackt in die Fluten. Der Nachmittag gilt der Arbeit, im Atelier, im Haus, im weiträumigen Obst- und Gemüsegarten, der samt Kartoffelacker zur Ernährung der Familie maßgeblich beiträgt. Die Werkstatt ist für die Kinder tabu, es sei denn, sie sitzen oder stehen Modell – dann bekommen sie für die Stunde zehn Pfennige. Die große Wäsche findet im Freien statt, gespült wird sie im Bodden.

Kapitän Heinrich Bradhering, in Althagen der Nachbar von Familie Marcks, wurde der engste Freund des Bildhauers auf dem Fischland, beide standen sich sehr nahe. Viele ehemalige Kollegen und Schüler aus Halle kamen zu Besuch, Galeristen aus Berlin und der Malerfreund Werner Gilles, Schüler von Lyonel Feininger am Weimarer Bauhaus und Mitglied der »Berliner« und »Rheinischen Sezession«. Gerhard Marcks zeichnete in jenen Tagen zarte Motive wie *Abendschatten*, *Einsamer Segler* oder *Baum am Hang*, und immer wieder dichtete er:

Der Morgennebel
Zieht durch den leeren Wald.
Ein Vogel singt
Und die Stille
Antwortet seinem Ruf.

Weil er »als Bildhauer auf die Dauer unter Störchen« zu wenig künstlerische Anregungen bekam, suchte Gerhard Marcks, der sich gleichwohl als »norddeutscher Ebenenmensch« empfand, mit seiner Frau, die wie er Berliner Wurzeln hatte, in Berlin eine bescheidene Bleibe, fand eine solche in Friedenau, dank einer Erbschaft ließ er sich 1937 in Berlin-Nikolassee ein Atelierhaus bauen. Wie bei Koch-Gotha wurde der Großteil seiner Werke 1943 im Flammenmeer zerstört. Briefe aus Niehagen an Freunde und Kollegen verdunkelten sich. »Der Maler Kirchner hat sich das Leben genommen. Die Welt nimmt keine Notiz davon«. Der Expressionist und Mitbegründer der »Brücke«, Ernst Ludwig Kirchner, wurde wie Marcks als »entartet« verfemt.

Familie Marcks am Strand

Gerhard Marcks mit Werner Gilles

Nichts von Bestand
Unser Denken Tand
Rinnender Sand
Was wir schaffen
Irrtum unser Hoffen
Wofür leben wir noch?
Und doch!

Schon eine einzige Abendschwalbe, ein »holder Seelenvogel«, spendete Marcks Trost und Kraft. Der Darßer Wald war ihm ein »Raum voll Säulen, die den Himmel stützen«. Und riefen zwei Ammern über die Heide, antworteten beide »unter der düsteren Wolke hin«. Die Büdnerei bot wenig Raum, doch lag sie eingebettet in eine Landschaft voll stiller Andacht: »Der Ausblick aus der kleinen Küche auf den Bodden müsste Entrée kosten«. Ostern 1945 schrieb Marcks unter Weidenkätzchen: »Im Vorgarten warten die Märzbecher auf den nächsten Sonnentag. Veilchen blühn schon…«

Wie ein Zweig wuchs Niehagen, das »neue Hagen«, einst aus dem Rodungsdorf Althagen heraus. Bis dahin gab es nur die großen Höfe am Bodden, Hufe I bis V, die Fritz Koch-Gotha als »Germanenhöfe« bezeichnete und die heute unter Denkmalschutz stehen. Oft machten die Nachbarn, die sich stets siezten, Spaziergänge zusammen, sprachen sie Altgriechisch, suchten sie Seeigel am Strand.

Im Sommer 1946 nahm Gerhard Marcks einen Ruf an die Landeskunstschule Hamburg an. Briefe über Briefe flogen zurück nach Niehagen, an den Ostseestrand, vor allem an seinen »Old Koch-Gotha«: »Ich träume immer vom Fischland, von eiszeitlichen Weiten, rufenden Kranichen, fliegenden Schwänen, Adlern«.

Der Boddenweg, inzwischen Gerhard-Marcks-Weg, zweigt vom *Weg zum Kiel* ab. Die Büdnerei, lange verfallen und verwaist, wurde unlängst verkauft. In einem Geburtstagsgruß an Fritz Koch-Gotha bedauerte Marcks 1947 in heiterer Melancholie, wie schade es sei, dass sie sich nicht mehr sehen. »Nur die Seeadlerfeder vom Darss steckt über meinem Bett und sagt: ich bin noch da!«

AUF DEM BAKELBERG

»Kirchtürme melden sich in der Ferne«

Jeder sollte ihn erklimmen: nach einem sonnensatten Strandtag, nach einer Radtour nach Barnstorf bei Wustrow oder nach Born, nach einer Wanderung zum Darßer Wald oder auch als Abschluss eines Besuches im *Kunstmuseum* – erfüllt von den erdigen Farben und dem silbernen Licht auf Gemälden aus der Zeit der Ahrenshooper Künstlerkolonie. Der Bakelberg ist der »Gipfel« des Fischlandes, rund achtzehn Meter hoch und damit himmelstürmend genug, um für Momente über die Erdgeschichte an diesem Fleckchen Natur nachzusinnen.

Nur fünf Kilometer lang und an der schmalsten Stelle fünfhundert Meter breit, entstand das Fischland während der letzten Eiszeit. Aus den Gletschern Skandinaviens wurden behäbige Felsbrocken in einem Gemisch aus Ton, Sand und Kies, dem Geschiebemergel, heran geschoben und aufgehäuft. Seither gehören die »Fischlandfindlinge« zu den Fischlanddörfern wie die Katen, wurden sie wie das Rohr vom Bodden für die Dächer zu einem natürlichen Baustoff: als Fundament für Kapitänshäuser, zum Ausmauern von Kellern und Schächten der Ziehbrunnen und zum Umfrieden der Höfe anstelle eines Zauns. Die Steine sind auch heute noch oft mit Moosen überzogen, Mauerpfeffer kriecht aus den Fugen. Wie »weltliche Ungeheuer« lagen Findlingsblöcke auf den Äckern, steckten Bruchstücke hinein gebackenen Rosinen gleich in der Felswand des Hohen Ufers, so hier nun zum Abschluss unsere Fischlandchronistin, die all jenes wie sonst kaum jemand lebendig gehalten hat: »Sobald wir im Sommer wieder aus der Stadt auf das Fischland kamen, liefen wir mit klopfenden Herzen auf das Hohe Ufer, um nachzusehen, ob der breite rosa Findlingsblock, auf dem wir im letzten Jahr wie Robben in der Sonne gelegen hatten, noch aus der Brandung herausragte, und ob die goldgelbe Lehmnase, in deren Schatten unsere kleine Badebude gestanden hatte, inzwischen abgebrochen und nachgerutscht war.« Seit einigen Jahren schauen Einheimische wie Gäste am Hohen Ufer, ob der mit rotem Graffiti-Herz besprühte NVA-Bunker noch aus dem Wasser ragt. 1946, als Victor Klemperer im *Charlottenhof* wohnte, bezeichnete er das Hohe Ufer als »kleines Rügen in Sand«, und auf der Ebene, »dem Plateau«, machte er eine »gesprengte Batteriestellung: Scheinwerfer, ein unterirdischer Betonbau in Trümmern…« aus. Jahr für Jahr nagen Sturm und Brandung an der Steilküste. Wege, auf denen man vor einiger Zeit noch Richtung Wustrow oder Ahrenshoop wanderte, enden plötzlich an der Abbruchkante oder verschwanden komplett. Seit 1889, als Paul Müller-Kaempff hier mit Oskar Frenzel seinen Ausflug machte, wurden über siebzig Meter vom Hohen Ufer fortgespült.

Der Rundblick vom Bakelberg reicht auf der von der Ostsee abgewandten Seite bis zum Bodden. Diese salzarmen flachen Gewässer zwischen Halbinsel und Festland, die um die Werder Inseln und um den Bock südlich von Hiddensee mit der Ostsee zusammenfließen, sind gleichfalls eiszeitliche Gebilde. »Das Abendlicht weitet die Landschaft über dem Bodden, man glaubt, ihn bis zu seiner Mündung übersehen zu können. Kirchtürme melden sich in der Ferne. Die weißen und gelben Hausgiebel kreuzen wie Segelboote durchs Grün.« So charakterisiert Ingo Schulze sein Gipfelerlebnis auf dem Bakelberg, veröffentlicht in *Deutsche Landschaften* (2003). Dem Dresdner ist das Fischland keineswegs fremd, umso mehr richtet sich sein Blick gen Himmmel, der nicht nur die Künstler mit unentwegt neuen Bildmotiven verwöhnt:

Die Wolkendecke ist graublau gesteppt, als Kapuze stülpt sie sich über uns, ihr vorderster Zipfel zielt genau auf die Sonne. Darunter schweben Flaumfedern. Angetrieben von den Windrädern zieht eine reinweiße Armada über die Pappeln heran, ein Krebs führt sie an, deutlich zu erkennen seine Scheren, ebenso die in alle Richtungen weisenden Beine der nachrückenden Krabbe, dann, bis auf die Flossen, nahezu eine Kugel, der Seehase, verfolgt vom Hecht, dahinter, noch undeutlich, ein Hering oder Wal, alle gleichermaßen unaufhaltsam zustrebend, ihrem Nachtquartier.

Manchmal, wenn uns Fortuna hold ist, verwandelt sich der Fischlandhimmel in gesprenkelte Makrelenhaut. Wolkenvermesser sagen dann starken Seegang voraus. Doch keine Angst. Der »Makrelenhimmel« aus Feldern dichter winziger Wolkenpunkte hat Seltenheitswert. Nicht so hingegen die alten Mecklenburger Wetterregeln: »Kommen die Fische früh ans Licht, / trau dem Tag, dem Wetter nicht.« Oder »Wenn die Seeschwalben auf Sandbänke bauen, / kann man auf einen trockenen Sommer trauen.«

FKK

»Schämen Sie sich nicht…?«

»Wir freuen uns, Sie auch in diesem Jahr in Ahrenshoop als Feriengast begrüßen zu können! Bevor die Saison beginnt, halten wir es für notwendig, unsere geschätzten Gäste darauf aufmerksam zu machen, dass die für die Verwaltung der Ostseebäder zuständigen staatlichen Stellen wegen verschiedener Ausschreitungen, die es im Vorjahr leider gegeben hat, in dieser Saison das Nacktbaden nicht mehr gestatten…« Im Mai 1954 schickte der »Feriendienst des Kulturbundes« dieses Rundschreiben an alle seine Gäste in Ahrenshoop. Dabei waren mit »Ausschreitungen« Nötigungen seitens Nacktbadender gegenüber angezogenen »werktätigen Urlaubern« gemeint. Postwendend fragte ein Dramaturg von der Komischen Oper Berlin, der das Schreiben als Kulturbundgast erhalten hatte, was das bitte für ein Gebaren sei und nannte Zahlen: dass sich Zweidrittel aller Kulturbundgäste, darunter viele Theaterkollegen, 1953 am nun verbotenen Ahrenshooper Strandabschnitt aufgehalten, aber keine der unterstellten »Ausschreitungen« beobachtet hätten. Korrekt, lautete die Kulturbundantwort. Selbiges sei andernorts passiert. Doch: Wehret den Anfängen dieser »westlichen Dekadenz«! Das »Kamerunern« würde außerdem die »Sitten der Ureinwohner Afrikas« schmähen. Ein anderer Kulturbundgast sprach an: dass es gehörig störe, wenn »Mucker in Badehose oder Jägerhemd« eigens den FKK-Strand aufsuchten, »um sich daran zunächst aufzugeilen und dann Anstoß daran zu nehmen«. Die zuständigen staatlichen Stellen blieben bei ihrem Kurs. Im August 1954 verkündete eine Polizeiverordnung, die in Ahrenshoop öffentlich ausgehängt worden war, dass Zuwiderhandlungen gegen das Nacktbadeverbot mit einer Geldstrafe bis zu 150 Deutsche Mark (mit Hammer und Sichel) oder einer Haftstrafe bis zu zwei Wochen geahndet werden kann… Dabei fing hundert Jahre zuvor mit dem Bade im Meer alles ganz harmlos an … mit ärztlichen

Ratschlägen, dass erst die »unmittelbarste Berührung« mit dem Seewasser wie ein Gesundbrunnen auf Geist und Körper wirkt.

Als Wandervögel, Naturheilkundler und Lebensreformer die Nacktkultur priesen, hatten sie anderes im Blick. Abgestoßen von Fabrikschloten, Fließbändern und Großstadtlärm propagierten sie das Motto: »Zurück zur Natur«. Ein Weg dorthin führte an die Küsten, an den Ostseestrand, gekleidet nur in »goldenes Sonnenlicht«. 1926 schlossen sich Nudisten von Ostfriesland bis zur Kurischen Nehrung im »Reichsverband für Freikörperkultur« mit zwanzigtausend Mitgliedern zusammen. 1930 beobachtete Erich Kästner, der am Müritzer Ostseestrand badete, leider nicht auf dem Fischland und Darß, aber egal:

Freigelassne Bäuche und Popos
stehn und liegen kreuz und quer im Sande.
Dicke Tanten senken die Trikots
und sehn aus wie Quallen auf dem Lande.

Jene Trikots sorgten ihrerseits für Irritationen. Saßen die Einteiler doch nach dem Bade wie »angeklatscht« auf der Haut und zeigten weibliche Reize, die es gerade zu verbergen galt. Noch 1911 verlangten Vorschriften für den Zutritt zum Familienbad – auch Ahrenshoop betrieb ein solches auf der Höhe des Kurhauses am Strand – Badekleidung grundsätzlich in »undurchsichtigem dunklen Stoff«. Mit der Erfindung der »Lichtschutzsalbe« wurde Bräunen modern und damit Sonnenbaden wichtiger als Baden im Meer. Nun trumpfte die Bademode mit freien Rücken und »Fenstern« an den Hüften auf, bis sie »elastisch und fantastisch« mit Lastex Abschied von der Weimarer Epoche nahm. 1946 spülte eine französische Badekreation an den Ostseestrand, die alle bisherigen Tabubegriffe gesprengt hat: der Bikini. Kein Mannequin war zu finden, das sich bereit zeigte, mit diesem fast »Nichts« über den Laufsteg zu trippeln. Anti-Bikini-Kampagnen riefen zum Boykott gegen die Frivolität auf. An vielen Stränden hatte das »schändliche Ding« Badeverbot. Nicht so auf Usedom, wohin Victor Klemperer 1948 reiste, nachdem er zwei Sommer zuvor in Ahrenshoop gewesen war: »Die pral-

le Hose, der Busenhalter, die eingequetschte Nacktheit dazwischen. Man könnte darüber homosexuell werden«, notierte der Literaturwissenschaftler in sein Tagebuch. Dann wohl doch lieber FKK. Aber noch bis zum Sommer 1956 zog sich das Verbot an den Ostseestränden hin. Mutige allerdings, die das »Schwedische Baden« schon während des NS-Terrors an verschwiegenen Orten, etwa auf der Höhe der Rehberge am Weststrand, weiterhin betrieben, taten dies auch jetzt. Verzicht auf FKK oder Rückgabe des Ferienplatzes! Das funktionierte nicht. Und als »große Gruppen aus FDJ-Ferienlagern, die mit Lastautos antransportiert waren«, am Ahrenshooper Strand auftauchten, um für Ordnung zu sorgen, war das Maß voll, löste dies »heiße Schlachten« unter Befürwortern und Gegnern des Nacktbadens aus, wie sich Elizabeth Shaw in ihrem Buch *Eine Feder am Meeresstrand* (1973) mit köstlichen FKK-Karikaturen an jene Zeit erinnert. »Am Ende wurde Friede geschlossen – mit einem Kompromiß: Erst hinter einem warnenden Schild darf nackt gebadet werden«. Ende gut, alles gut?

Johannes R. Becher konnte FKK nicht leiden, fand den Nacktkult niveaulos, bat flehentlich darum, »die Augen der Nation zu schonen«, was die Berliner Schriftstellerin Katja Lange-Müller mit einem Souvenir aus dem reichen Erfahrungsschatz ihrer Großmutter komplettiert:

Eines Tages nun, Becher ging mal wieder am Strand entlang, picobello in seinem weißlinnenen Sommeranzug, da lag ihm eine Frau im Weg, nackt, etwas knochig, nicht mehr jung, ohne Gesicht, denn das war mit dem Doppelblatt des »Neuen Deutschland« bedeckt. »Schämen Sie sich nicht, Sie alte Sau«, sagte Becher. Die Frau nahm das »ND« vom Gesicht; es war Anna Seghers. Ein paar Monate später stand Seghers auf der Bühne, Becher, in der Würde seines Amtes, wollte ihr den Nationalpreis erster Klasse an die Brust heften, streckte ihr die Hand entgegen. »Liebe Anna«, sagte er, »darf ich dir…«, aber da fiel ihm die Seghers ins Wort, so laut, dass die Genossen auf den Plüschsesseln der ersten fünf Reihen es auch hörten: »Für dich, Hans, immer noch die alte Sau.«

Während des Kalten Krieges mokierte sich der Westen über die lockere FKK-Moral an den Stränden im Osten. Sylt, wo FKK ein nordfriesisches Kürzel für »Fiete, kumm kieken!« war, holte auf. Andere Inseln zogen nach, bis sich das ganze Gedöns um Strafen, Skandale und Sittenstrolche überlebt hatte. Inzwischen gehen die Strandabschnitte von Textil ohne Hund, Textil mit Hund, FKK ohne Hund und FKK mit Hund allerorten fließend ineinander über.

Hier bleibt keine Wahl, als zu ersaufen!
Und man macht sich schwer wie einen Stein.
Langsam lässt man sich voll Wasser laufen.
Auf dem Meeresgrund ist man allein.

BODDEN UND BÜLTEN

»Wo die Strömung das Rohr durchkämmt...«

Weder Meer noch Binnensee, glänzend oft wie Opal, trennen seine Gewässer die Halbinselkette Fischland, Darß und Zingst vom Festland. So weich wie man seinen Namen mit dem Doppelkonsonanten in der Mitte ausspricht, wirkt er in der Ostseelandschaft auf das Gemüt – der Bodden, abgeleitet aus dem germanischen »Bodan«, was Vertiefung bedeutet und auf die erdgeschichtliche Entstehung anspielt. Verschilfte Buchten säumen seine Ufer, Katzen huschen ins Dickicht der Röhrichte, die sich im Winde wiegen und biegen, zischelnd in wundersamen Melodien. Höckerschwäne und Graureiher sind in der Boddenlandschaft zu Hause, Kiebitze, Meeresenten, Gänsesäger und viele andere Vögel rasten hier. Zu Tausenden nehmen Kraniche, die Vögel des Glücks, im Frühling und Herbst in der vorpommerschen Boddenlandschaft, seit 1990 Nationalpark, Quartier. Bei ihrem Abendeinflug sind die schiefergrau gefiederten scheuen Schönheiten schon von weitem mit ihren Trompetenrufen zu hören. Einer ihrer bevorzugten Schlafplätze ist die kleine Salzgraslandinsel Kirr mit ihren verästelten Prielen. Wenn die Kraniche ziehen, neigen sich die letzten warmen Jahrestage ihrem Ende. Fischer fischen im Bodden Barsch, Hecht und Zander. Auf den sandigen Boddenböden verkriechen sich die Schuppentiere, auf dass sie kein Angelhaken fassen möge...

Wie in allen haffähnlichen Gebilden fallen Böen spitz in den Bodden ein, erzeugen einen »bockigen« Wellengang. Seine Gewässer sind mit zwei, drei Metern Tiefe vergleichsweise flach, haben aber tückische Untiefen. Haken heißen sie. Seglern wird darum auf dem Bodden Erfahrung und Geschick abverlangt.

An der Boddenküste vor Born unweit von Ahrenshoop liegt »eine völlig andere Welt«, schrieb Gerta Anders in ihrem Buch *Die Halbinsel Darß und Zingst* (1955), das als photomechanischer Nachdruck später wieder aufgelegt worden ist. Die Biolo-

gin, vielen noch wohl bekannt, lebte damals mit ihrer Familie in Prerow, wo sie das *Darß-Museum* mitgründete und leitete, bevor es die Ethnographin Helene Trauschies vierzig Jahre lang übernahm. Mit einer völlig anderen Welt meinte Gerta Anders die Bülten, jene kleinen und größeren, runden oder auch lang gezogenen schmalen Inseln aus Gras und Schilf, die den Saaler Bodden vom Koppelstrom abtrennen und auf denen mitunter »eine einsame Kiefer wohnt«. Fährt man mit einem Boot zwischen den vom Festland weggeschwemmten Wiesenstücken hindurch, wirken sie wie Schleusentore, in denen der Wind aus West oder Ost das Boddenwasser zusammenpresst. »Rauschend und brausend zieht hier die Strömung dahin, kämmt das Rohr durch, das im ständigen Wiegen und Wedeln bleibt, leckt an stilleren Tagen an dem verwurzelten Saum, als wollte sie die kleinen Inseln heimlich unterspülen und mit sich tragen.«

Ob im Frühnebel Tautropfen den Ton angeben oder ein einsamer Steg an einer Landzunge unzeitgemäße Seelenruhe verspricht ... ob sanfte Luftzüge die Wasseroberfläche gleichmäßig kräuseln oder bernsteinfarbenes Abendlicht über allem schwebt... Der Bodden bietet jeden Tag, jede Stunde, in jedem Augenblick einen besonderen Halt – unverzichtbar zum Balancieren auf der Meerschaumlinie.

Vielen Dank.

Am Bodden

LITERATUR- UND QUELLENVERZEICHNIS

Ahrenshoop. Die Geschichte eines Dorfes zwischen Fischland und Darss von Friedrich Schulz, Verlag Atelier im Bauernhaus, Fischerhude 1992

Arrieta, Katrin, Alfred Partikel, Die »gebrochene Fiktion der Idylle«, Stiftung Kunstmuseum Ahrenshoop/Kunstkaten Ahrenshoop, MCM ART Verlag, Berlin 2009

Barkelt, J. T., Dichter auf dem Darß, in: Ahrenshooper Seiten, Edition Hohes Ufer Ahrenshoop 2000/2001, Altstadt-Druck, Rostock o.J.

Becher, Johannes, R., Ahrenshooper Tagebuch, in: Schulz, Friedrich, Ahrenshoop literarisch, Verlag Atelier im Bauernhaus, Fischerhude 1998

Becker, Jürgen, Ahrenshooper Holz. NDR Hörspiel, Ahrenshoop 2000

Braun, Volker, Einsteins Wiese, in: Ahrenshooper Seiten, Edition Hohes Ufer Ahrenshoop 1999/2000, Altstadt-Druck, Rostock o.J.

Brecht, Bertolt, Arbeitsjournal (1942-1955), herausgegeben von Werner Hecht, Suhrkamp Verlag, Frankfurt 1973

Clemens, Marianne, Unruhige Zeiten in unserem Land. Erinnerungen aus den Jahren 1912 bis 1948, Leibniz-Bücherwarte, Bad Münder 2005

Die bildenden Künstlerinnen der Neuzeit. Von Anton Hirsch, Verlag von Ferdinand Enke, Stuttgart 1905

Draesner, Ulrike, künstlerhaus lukas, ahrenshoop, in: Kunststück Ahrenshoop. Gerlinde Creutzburg, Annett Gröschner, Inga Rensch (Hg.), Hinstorff Verlag, Rostock 2004

Dross, Friedrich Wilhelm, Ein Ausflug in die Steinzeit, in: Friedrich Schulz, Ahrenshoop literarisch, Verlag Atelier im Bauernhaus, Fischerhude 1998

Durchs dunkle Deutschland. Gerhard Marcks – Briefwechsel 1933 bis 1980. Bearbeitet und herausgegeben von Jens Semrau, E.A. Seemann, Leipzig 1995

Edel, Edmund, Ahrenshoop, das Malernest. Ein Ostseeidyll, in: Berliner Tageblatt, August 1907

Einstein, Albert/Born, Max. Briefwechsel, Nymphenburger Verlagsanstalt, München 1969

Elisabeth von Eicken – malen und gestalten. MCM Verlag, Berlin 2011

Elizabeth Shaw. Spuren der Erinnerung, MCM Art Verlag, Berlin 2002

Ernst, Thomas, Erbrochenes – fragmente aus dem deutschen herbst neunzehnsiebenneunzig, in: Ahrenshooper Seiten, Edition Hohes Ufer Ahrenshoop 1999/2000, Altstadt-Druck, Rostock o.J.

Fühmann, Franz, Böhmen am Meer, VEB Hinstorff Verlag, Rostock 1963

George Grosz am Strand. Ostsee-Skizzen. Herausgegeben von Christine Fischer-Defoy, Transit Buchverlag, Berlin 2001

Gerckens, Rainer, Alfred Partikel (1888-1945). Leben und Werk. Dissertation Universität Hamburg 1990

Glander, Hermann, Ahrenshoop. Maler entdecken ein Dorf, Ernst Wähmann Verlag, Schwerin o.J.

Goltings, Bernd, Umwege durch Dünensand, Darß Verlag, Prerow 2008

Grisebach, Agnes-Marie, Eine Frau Jahrgang 13, Fischer Taschenbuch Verlag, Frankfurt am Main 1988

Grisebach, Agnes-Marie, Von Anfang zu Anfang, Fischer Taschenbuch Verlag, Frankfurt am Main 2003

Grosz, George, Teurer Makkaroni!. Briefe an Mark Neven DuMont 1922-1955, Argon Verlag, Berlin 1992

Hamer, Detlef, Briefe aus Niehagen. Bilder aus Niehagen, Hinstorff Verlag, Rostock 1989

Hamer, Detlef, »Sehnsucht nach den Kranichen«. Gerhard Marcks in Niehagen, Edition Cornelius im Projekte-Verlag, Halle (Saale) 2012

Hoba, Christine, Anrufung, in: Ein Haus in Arkadien – Das Künstlerhaus Lukas in Ahrenshoop, Edition Hohes Ufer, Ahrenshoop 2014

Jastram, Jo, Peter E., Der ungekrönte König des Fischlandes, in: Kunststück Ahrenshoop. Gerlinde Creutzburg, Annett Gröschner, Inga Rensch (Hg.), Hinstorff Verlag, Rostock 2004

Johnson, Uwe, Jahrestage. Aus dem Leben der Gesine Cresspahl, Suhrkamp Verlag, Frankfurt 1970, 1971, 1973, 1983

Johnson, Uwe, »Leaving Leipsic next week«. Uwe Johnson. Briefe an Jochen Ziem. Texte von Jochen Ziem. Herausgegeben und eingeleitet von Erdmut Wizisla, Transit Buchverlag, Berlin 2002

Kalies, Grit, Mathematik, in: Ahrenshooper Seiten, Edition Hohes Ufer, Ahrenshoop 2008

Kaschnitz, Marie Luise. Eine Biographie von Dagmar von Gersdorff, Insel Verlag, Frankfurt 1998

Kaschnitz, Marie Luise. Tagebücher aus den Jahren 1936-1966. herausgegeben von Christian Büttrich, Marianne Büttrich und Iris Schnebel-Kaschnitz, Band 1, Insel Verlag, Frankfurt am Main 2000

Kempin, Lely, Die Heilige Insel. Eine Sommergeschichte, Verlag von Velhagen & Klasing, Leipzig 1922

Kerr, Alfred, Die Welt im Licht, Verlag Kiepenheuer & Witsch, Köln/Berlin 1961

Kerr, Alfred, Erlebtes. Deutsche Landschaften, Menschen und Städte, Argon, Berlin 1989

Kleinschmidt, Karl, Keine Angst vor guten Sitten, Verlag Das Neue Berlin, Berlin 1957

Klemperer, Victor, So sitze ich denn zwischen allen Stühlen. Tagebücher 1945-1959, Bd. 1, Aufbau-Verlag, Berlin 1999

Koch-Gotha, Fritz, Fritz Reuter und ich, in: Mecklenburgische Monatshefte, Bd. 12, 1936

 134

Künstlerhaus e.V. (Hg.), Zuflucht – von der Sehnsucht des Paradieses: Interdisziplinäres Festival der zeitgenössischen Kunst 2014, Ahrenshoop 2014
Kulturchronik Ahrenshoop (1872-2003), zusammengestellt von Annett Gröschner. Unveröffentlichtes Manuskript, o. J.

Lange-Müller, Katja, »Ich wollte von ihr nichts wissen«, Die Welt, 18.11.2000
Lundquist, Marie, Gästebucheintrag, in: Zuflucht – von der Sehnsucht des Paradieses, Künstlerhaus Lukas, Ahrenshoop 2014

Meyer, Alfred Richard, Ahrenshooper Abende. Fünf Lyrische Pastelle. Privatdruck des Verfassers. Gedruckt in 500 nummerierten Exemplaren auf Bütten bei Schiemann & Co., Zittau 1907
Meyer, Grischa. Winterreise, Goya im Kopf. Eine Winterreise, in: Kunststück Ahrenshoop. Gerlinde Creutzburg, Annett Gröschner, Inga Rensch (Hg.), Hinstorff Verlag, Rostock 2004
Miethe, Käthe, Das Fischland. Ein Heimatbuch, Carl Hinstorff Verlag, Rostock, 2. Auflage 1949
Miethe, Adolf, Künstlerische Landschaftsphotographie, Verlag von Wilhelm Knapp in Halle (Saale) 1928
Miethe, Adolf, Die Dame mit der Kamera, Verlag von Georg Stilke, Berlin 1925
Miethe, Adolf (1862-1927), Lebenserinnerungen, herausgegeben von Helmut Seibt, Verlag Harri Deutsch, Frankfurt am Main 2012
Müller-Kaempff, Paul, Erinnerungen an Ahrenshoop, in: Heimkehr nach Mecklenburg. Eine Reise in die Vergangenheit, Konrad Reich Verlag, Rostock, 3. Auflage 1991

Negendanck, Ruth, Anna Gerresheim. Ihr Weg nach Ahrenshoop, Edition »Romantik Hotel Fischerwiege« Ahrenshoop, o.J.
Negendanck, Ruth, Elisabeth von Eicken. Malerin in Ahrenshoop und auf dem Fischland, Verlag Atelier im Bauernhaus, Fischerhude 2000
Negendanck, Ruth, Künstlerkolonie Ahrenshoop. Eine Landschaft für Künstler, Verlag Atelier im Bauernhaus, Fischerhude 2001
Neidhardt, Christoph, Das Meer in unserer Mitte, marebuchverlag, Hamburg 2007

Ott, Karl-Heinz, Ahrenshoop im November, in: Kunststück Ahrenshoop, Gerlinde Creutzburg, Annett Gröschner; Inga Rensch (Hg.), Hinstorff Verlag, Rostock 2004

Paul, Elfriede, Ein Sprechzimmer für die Rote Kapelle, Militärverlag der DDR, 2. Aufl., Berlin 1983

Regie Egon Monk. Von Puntila zu den Bertinis, Transit Buchverlag, Berlin 2007
Rensch, Inga, Matrosenleben, in: Die Forensen. Ein Kopfkissenbuch, Edition Hohes Ufer, Ahrenshoop 2002

Richter, Hans Werner, Deutschland deine Pommern, Hoffmann & Campe Verlag, Hamburg 1970
Ritzerow, Frieda, Mecklenburgisches Kochbuch, Hinstorff Verlag, Rostock 1868, Photomechanischer Nachdruck 1981

Schalansky, Judith, Ein Heiland aus Holz, in: Ahrenshooper Seiten, Edition Hohes Ufer Ahrenshoop 2010
Schäning, Andreas, Der Sommer, in: Ahrenshooper Seiten, Edition Hohes Ufer Ahrenshoop 1999/2000, Altstadt-Druck, Rostock o.J.
Schümann, Matthias, Die Klarheit der Analysen, in: Ahrenshooper Seiten, Edition Hohes Ufer Ahrenshoop 1999/2000, Altstadt-Druck, Rostock o.J.
Schulz, Friedrich/Schwarz, Erhard, Einstein in Ahrenshoop, Scheunen-Verlag, Kückenshagen 1995
Schulz, Friedrich, Ahrenshoop. Künstlerlexikon, Verlag Atelier im Bauernhaus, Fischerhude 2001
Schulz, Friedrich, Ahrenshoop. Künstlerkolonie an der Ostsee, edition fischerhuder kunstbuch, Fischerhude 2005
Schulz, Friedrich, »In Ahrenshoop auf Wiedersehen!«, Scheunen-Verlag, Kückenshagen 2006
Schulze, Ingo, Der Darß, in: Thomas Steinfeld (Hg.), Deutsche Landschaften, S. Fischer Verlag, Frankfurt 2003
Seibt, Helmut, Damals in Althagen. Der Geheimrat Adolf Miethe mit seiner Familie in der Sommerfrische 1901 bis 1927. Briefwechsel und gesammelte Werke, Scheunen-Verlag, o. O. 2007
Shaw, Elizabeth, Eine Feder am Meeresstrand, Eulenspiegel Verlag, Berlin 1973
Soden, Kristine, von, Stille Winkel auf Fischland, Darß und Zingst, Ellert & Richter Verlag, 2. aktualisierte Auflage, Hamburg 2013

Tovote, Heinz, Hilde Vangerow und ihre Schwester, Fontane Verlag, 11. Auflage, Berlin 1906
Treffen in Ahrenshoop. Rüdiger Giebler, Moritz Götze, Peter Wawerzinek, Hasenverlag Halle/Saale 2014
Trieder, Simone, Wolken wie Flundern, in: Ein Haus in Arkadien – Das Künstlerhaus Lukas in Ahrenshoop, Edition Hohes Ufer, Ahrenshoop 2014

Wawerzinek, Peter, Das Kind das ich war, Transit Buchverlag, Berlin 1994
Wawerzinek, Peter, Das Meer an sich ist weniger, Transit Buchverlag, Berlin 2000
Wehrs, August, von, Der Darß und Zingst, ein Beitrag zur Kenntniß von Neuvorpommern, Helwingsche Hofbuchhandlung, Hannover 1819, Nachdruck im Darß Verlag, Prerow 2006
Winkler, Ron, [Ahrenshoop.] Ein Halbton, in: Ahrenshooper Seiten, Edition Hohes Ufer, Ahrenshoop 2003-2004-2006

Zweig, Arnold, Strand und See. Künstler in Ahrenshoop, in: Bildende Kunst, Heft 4, Jahrgang 1954
Zander, Judith, Et in Lukasia ego, in: Ein Haus in Arkadien – Das Künstlerhaus Lukas in Ahrenshoop, Edition Hohes Ufer, Ahrenshoop 2014

BILDNACHWEIS

Archiv Akademie der Künste, Berlin: Seite 97
Archiv Boroffka: Seiten 18, 93
Archiv Gerhard-Marcks-Haus Bremen, mit freundlicher Genehmigung (VG Bildkunst): Seiten 114, 117, 118
Archiv Houghton Library, Cambridge Mass. Estate George Grosz: Seite 63
Archiv Heinz Föppel: Seiten 6, 9, 13, 15, 21, 26, 51, 71, 75, 109, 129, 131, 138, 143
Archiv Heinz Lehmbäcker: Seite 105
Archiv Sabine Jastram-Porsche: Seiten 46, 100, 102
Archiv KvS: Seite 39
Das Magazin, Juli-Heft, Verlag Das neue Berlin, Berlin 1956: Seite 125
Förderkreis Ahrenshoop e.V.: Seiten 34, 35
Hedge Verlag, Köthen: Seite 56
Regionalarchiv Ahrenshoop: Fontispiz (Prospekt), Seiten 78 und 79, 85, 87, 90, 91, 144

PERSONENREGISTER

Anders, Gerta 128-130
Barkelt, Johannes Theodor 40
Bartoschek, Karl 23, 24
Becher Johannes R. 8, 90, 94, 128
Berlau, Ruth 92
Besso, Michele Angelo 68, 72
Braun, Volker 37
Born, Max 69
Bradhering, Heinrich 114
Brass, Hans 76, 91
Brecht, Bertolt 8, 65, 89, 92, 94-96, 98, 99
Busch, Ernst 95
Butzek, Walter 76
Clemens, Marianne 70, 72, 76, 78-79
Clemens, Walter 79
Choffel, Henriette von 47, 53, 74
Creutzburg, Gerlinde 42
Dix, Otto 64
Draesner, Ulrike 42
Droß, Friedrich-Wilhelm 111
DuMont, Mark Neven 66
Edel, Edmund 28, 29, 50, 57
Ehrenfest, Paul 68, 73
Eicken, Elisabeth von 32, 49, 53
Einstein, Albert 29, 68-70, 72-73
Einstein, Elsa 68-70, 72-73
Eisler, Hanns 8, 95, 98,99
Eisler, Lou 8, 95
Erichson, Peter E. 8, 74,100-102
Ernst, Thomas 40
Feininger, Lionel 14, 116
Frenzel, Oskar 17, 121
Fühmann, Franz 8, 110
Gerckens, Rainer 84
Gerresheim, Anna 29-32, 53, 74, 111
Gerresheim, Auguste 29, 31, 74
Gerresheim, Bertha 29-31, 74
Gerresheim, Clara 29, 30
Gerresheim, Dorothea Henriette 29-31
Gerresheim, Eduard Adolph 29, 30
Gerresheim, Hugo 29, 32
Gilles, Werner 116, 118
Goetz, Curt 102
Goltz, Hubertus von 33
Graetz, René 108
Grebe, Friedrich 23, 24, 53, 74
Grisebach, Agnes Marie 95-98
Gropius, Martin 84
Gropius, Walter 84
Grosz, George, 28, 62-67, 83
Gustavs, Arnold 101
Guttenberg, Hertha von 101
Hagedorn, Bäcker 7
Hamer, Detlef 115
Hauptmann, Gerhart 76-77
Heartfield, John, auch Herzfelde, Helmut 64, 66
Herneck, Friedrich 72
Herzfelde, Wieland 62
Hoba, Christine 36-37
Hülsse, Georg 102
Husemann, Marta 81
Husemann, Walter 81
Jacobsohn, Siegfried 12, 14, 83
Jastram, Jo 101
Johnson, Elisabeth 47, 103-104
Johnson, Uwe 8, 24, 47, 103-105
Kästner, Erich 124
Kalies, Grit 41
Kaschnitz, Marie Luise 84, 88
Kaysel, Ottilie 70, 78
Kaysel, Otto 70
Kempin, Lely 72, 76
Kerr, Alfred 28, 59-62, 66
Kirchner, Ernst Ludwig 116
Kleinschmidt, Karl 99
Klemperer, Eva 19
Klemperer, Otto 19
Klemperer, Victor 8, 19, 37, 121, 124
Klünder, Arnold 111

Klünder, Barbara, geb. Koch-Gotha 111
Koch-Gotha, Fritz 112-115, 119
Koch-Stetter, Dora 112
Körte, Hedwig, geb. Hammacher 83
Körte, Käthe 84
Körte Martin 53, 84
Körte, Oswald 53, 83
Küchenmeister, Walter 80-81
Lange-Müller, Katja 126
Lasker-Schüler, Else 28, 64, 66
Löber, Ella 103, 104
Löber, Frida und Wilhelm 92, 103
Löber, Uta 103
Lundquist, Maria 38
Malchin, Carl 47
Manigk, Otto 101
Marcks, Gerhard 83-84, 86, 88, 101, 111, 115-119
Marcks, Marie 83-84, 115-117
Maric, Mileva 68-69, 72
Meer, Lale 34
Menzler, Dora 74, 76
Meyer, Alfred Richard, »Munkepunke« 50
Meyer, Grischa 44
Miethe, Adolf 45, 49, 52-53, 106-108
Miethe, Käthe 7, 45-49, 52, 58, 82, 100-101, 106, 108, 111-113
Miethe, Marie 45, 45, , 47, 49, 52
Modersohn, Otto 30
Molchin, Carl 47
Monk, Egon 92-94
Müller, Heiner 44
Müller-Kaempff, Paul 17, 19, 22, 28-29, 31, 34, 36, 40, 47-49, 53, 57, 70, 73, 121
Müller-Kaempff, Else 50
Munkepunke, siehe Meyer, Alfred Richard
Negendanck, Ruth 29
Neidhardt, Christoph 12
Nielsen, Asta 28
Niemann, Frieda 68
Niemann, Friedrich 72
Niemann, Marie, verh. von Wehr 22
Orlik, Emil 62
Ott, Karl-Heinz 11
Paepke, Richard Raimar Jeffery Henry, Edler von 32
Pannewitz, Eva von 36, 47, 53, 74
Partikel, Alfons 82-83
Partikel, Alfred 82-88, 111
Partikel, Dorothea geb. Körte 83-84
Paul, Elfriede 80-81
Piscator, Erwin 65
Plietzsch, Eduard 83-84
Rathjen, Karl 52
Reimann, Brigitte 8, 99
Rensch, Inga 41
Richter, Hans'Werner 24, 25
Richter-Lefensdorf, Hugo 33
Ringelnatz, Joachim 28, 29, 50
Ristow, Line 100-101
Ritzerow, Frieda 59-60
Rubarth, Martin 49
Rudolph, Wolfgang 102
Saatmann, Bernhard 36
Saatmann, Malchen 103
Schalansky, Judith 10, 43
Schlotermann, Heinrich 45, 47, 49
Schmalhausen, Otto 62, 64-65
Schmidt, Ilse 47
Schondorf, Johannes 29
Schorn, Theobald 57
Schulze-Boysen, Harro 80-81
Schulze-Boysen, Libertas 81
Schulze, Ingo 10, 119
Schümann, Matthias 38
Schumacher, Elisabeth 81
Schumacher, Kurt 80-81
Schwager, Else 34
Seghers, Anna 8, 126
Seibt, Helmut 48
Seidel, Heinrich 55
Shaw, Elizabeth 8, 109, 126
Simon, HEP 32
Tovote, Heinz 54
Trauschies, Helene 130
Trieder, Simone 16

Trojan, Johannes 54-55
Tucho, siehe Tucholsky
Tucholsky, Kurt, »Tucho« 12, 14, 25, 66, 83
Vogel, Samuel Gottlieb 59
Wachenhusen, Friedrich 48-49, 74
Wawerzinek, Peter 10, 38, 40, 44
Wegscheider, Käthe 53, 74
Wegscheider, Martha 74, 76, 79
Wegscheider, Max 74
Wehrs, August von 22
Weigel Helene 8, 92, 94, 97
Weisenborn, Günter 81
Welk, Ehm 102
Wildenhain, Marguerite 115
Winkler, Ron 41
Wolf, Christa 8, 43
Wolzogen, Elsa Laura von 49
Wolzogen, Ernst von 49
Zander, Judith 10, 43
Ziel, Rudolf 78
Zweig, Arnold 8, 95

DANK

Zu allererst danke ich den vielen Gästen auf meinen Literarischen Rundgängen durch Ahrenshoop. Immer wieder wurde ich von ihnen nach einem Buch gefragt, in dem das Erzählte und Gezeigte nachgelesen und vertieft werden kann. So reifte die Idee, ausgewählte Streifzüge zu Papier zu bringen.

Für wertvolle Kontakte und herzliche Ermunterung danke ich in Ahrenshoop zunächst Rita Fröhlich aus der *Galerie Neue Schule.* Astrid Beier aus dem Förderkreis Ahrenshoop e. V. schenkte mir eine Menge Zeit, um offene Fragen zu klären. Bei der Suche nach historischen Dokumenten half mir Birgit Barth, die Leiterin des Regionalarchivs – dafür hier noch einmal mein ausdrücklicher Dank! Selbiges gilt für den Maler und Grafiker Hans Götze, Bürgermeister von Ahrenshoop, der den Text gegenlas und mir Ansichtskarten aus seiner Sammlung großzügig zur Verfügung gestellt hat. Eine »poetische« Fundgrube entdeckte ich in mehreren, inzwischen schwer erhältlichen Publikationen des Künstlerhauses Lukas, auszuleihen in der *Käthe Miethe Bibliothek!*

Schätze aus Privatalben der Familie Marcks erhielt ich von Bettina Berg aus dem *Gerhard-Marcks-Haus* in Bremen. Sabine Jastram-Porsche aus der Salongalerie *Die Möwe* in Berlin gewährte mir Einblicke in Peter E. Erichsons Gästebücher und ließ mich aus seltenen Fotos Abbildungen für dieses Buch auswählen. Georg Kranz aus Prerow danke ich für die wie immer gelungenen Reproduktionen. Mein besonderer Dank gilt schließlich Elisabeth Fründt, Jana Hansen und Carola Rink aus der Deutschen Nationalbibliothek (DNB) in Frankfurt am Main. Erst durch ihre persönliche Unterstützung wurde es möglich, dass die Lichtbilder des begeisterten Ostseefotografen Heinz Föppel aus den fünfziger Jahren eine eigene Geschichte im Buch erzählen.

Kristine von Soden ist gebürtige Hamburgerin und beschäftigte sich als Featureautorin des NDR und DLF sowie als Dozentin an der Hamburger Universität viele Jahre mit Biographien jüdischer Wissenschaftler, Schriftsteller, Künstler in der Weimarer Republik. Prominente Namen unter ihnen weilten zur Sommerfrische an der Ostsee – in Ahrenshoop. Seit ihrer Kindheit mit der Ostsee (wie auch mit den nordfriesischen Inseln) eng verbunden und vertraut, schrieb die promovierte Geisteswissenschaftlerin mehrere feuilletonistische Küstenbücher und gibt alljährlich den Kalender *Literarische Ostsee* heraus. Von Sommer bis Herbst ist sie in Ahrenshoop mit Literarischen Rundgängen unterwegs und betreibt dort auch die Ahrenshooper Schreibwerkstatt.

AHRENSHOOP
DARSS
OSTSEE
FISCHLAND
ALTHAGEN
WUSTROW
SAALER BODDEN
STRALSUND
RIBNITZ
ROSTOCK